4050
지금이다

All rights reserved.

All the contents in this book are protected by copyright law.

Unlawful use and copy of these are strictly prohibited.

Any of questions regarding above matter, need to contact 나녹那碌.

이 책에 수록된 모든 콘텐츠는 저작권법에 의해 보호받는 저작물이므로 무단전재와 무단복제를 금합니다.

나녹那碌 (nanoky@naver.com)으로 문의하기 바랍니다.

펴낸 곳 | 나녹那碌
펴낸이 | 형난옥
지은이 | 정상곤
편집 | 김보미
디자인 | 김용아
초판 1쇄 인쇄 | 2020년 2월 1일
초판 1쇄 발행 | 2020년 2월 8일
등록일 | 제 300-2009-69호 2009. 06. 12
주소 | 서울시 종로구 평창 21길 60번지
전화 | 02- 395- 1598 팩스 | 02- 391- 1598

ISBN 978-89-94940-91-5 (13320)

저자 이메일 | seoulchung@gmail.com

이 도서의 국립중앙도서관 출판예정도서목록(CIP)은 서지정보유통지원시스템 홈페이지(http://seoji.nl.go.kr)와 국가자료종합목록 구축시스템(http://kolis-net.nl.go.kr)에서 이용하실 수 있습니다.(CIP제어번호 : CIP2020003235)

4050 지금이다

● 정상곤 지음

나녹
那碌

머리말

4050 중견직장인들은 지금 중요한 선택의 기로에 서서 고민이 많다.

이대로 회사를 계속 다녀야 하나. 계속 다닌다면 언제까지 다닐 수 있나. 어떤 비전이 있고 어떤 의미가 있는가.

급변하는 환경 앞에 회사는 문제가 없을까, 자신이 속한 부문은 문제가 없을까. 전문성은 언제까지 유효할까. 남아있는 직장생활도 생각보다 빨리 끝날 수 있을 터인데 그 다음은 어떻게 해야 하나. 퇴직까지 버틴다 하더라도 100세 시대가 현실화되었으니 퇴직 후 남은 긴 세월 무엇을 하고 지내나. 앞으로 돈은 얼마나 더 필요할까를 검토해 두어야 한다. 직장은 많은 가능성과 기회를 제공하는 곳이지만 제대로 활용하는 방법을 연구하지 않으면 세월만 흘러가고 어느 날 떠나게 되었을 때 후회만 남는다.

기술환경, 사회환경, 기업환경이 크게 바뀐다. 변화에 대응하여 차라리 지금 직장을 옮겨볼까, 전문 분야를 바꾸어 볼까. 아니면 더 늦기 전에 창업할까, 창직할까, 귀농할까, 동남아 등 해외 성장지역에서 도전해 볼까.

새로운 변화를 탐색하고 새로운 출발을 모색해야 할 때가 바로 지금이다.

이미 퇴직을 하였거나 퇴직이 예상되는 경우도 마찬가지로 여러 선택지를 고려하여야 한다. 서둘러 재취업하는 것만이 답이 아닐 수 있다.

지금 바로 후반기 인생을 대비하는 라이프플랜을 재설계하고 준비를 해야 한다.

저자는 많은 직장인들을 상담하면서 중견직장인들이 장래에 대해 불안해 하는 모습을 보는 것이 안타까웠다. 1인당 국민소득이 3만 불을 넘고, 정부가 밝은 미래의 정책을 쏟아내건만 중견직장인들로서는 달갑게 들리지 않는다. 4차 산업의 진전, 자동화, AI, 인공지능, 전기자동차, 로봇산업 발전, 해외투자 확대까지 모든 요소들이 오히려 직장인들의 고용불안을 부추긴다. 그 변화의 여파로 구조조정의 칼바람이 매섭게 불어닥칠 것이 뻔하기 때문이다. 그동안 직장에서 힘든 일 묵묵히 견뎌내며 20년 이상 잘 버틴 직장인들조차 직장을 그만두고 새로운 진로를 모색해야 할 수 있다. 슬프게도 본인의 의지와는 상관없이 회사 경영상의 이유로, 혹은 나이가 들었다는 이유로, 퇴직에 내몰릴 수 있다. 막상 희망퇴직 대상자가 되어 얼마간의 위로금을 주고 나가라 하면 앞이 캄캄해진다. 심한 배신감도 느껴진다. '나는 아니겠지.' 했는데 나도 구조조정 대상? 명예퇴직? 그동안 변화에 너무 둔감했던 자신의 모습에 좌절한다.

글로벌 경쟁 속에서 기업들이 인건비가 싼 중국, 동남아 등으로 생산기지를 앞다투어 옮기니 기존 산업분야에서 국내 고용이 얼어붙고 중견직장인이 옮길 수 있는 국내 일자리도 급속도로 준다. 전직이나 재취업 시장도 그야말로 빙하기로 접어들고 있다. 그런 선배 직장인들의 불안한 모습을 보고 있는 후배들도 지금 이대로는 안 되겠다, 무언가 새로운 선택을 해야겠다는 불안한 생각을 한다.

회사는 사원의 인생을 책임지지 않는다. 공무원, 공기업 외에는 정년까지 근무를 보장할 기업은 거의 없다. 대기업에서는 50 중반을 넘기기가 아주 어렵다. 50 전후에 '나가라'는 사인이 올 것이다. 이제 직장인들은 인생설계와 커리어를 스스로 설계해야 한다. 세상의 변화를 직시하고, 공부하고, 변화를 모색해야 한다.

　이책은 장래가 불안한 직장인들, 퇴직을 앞둔 직장인들, 명예퇴직자들, 급작스런 실직자들에게 남아 있는 직장생활의 의미를 되새겨 보고, 자기를 객관적으로 재평가해 보고, 이제부터 남은 인생을 재설계하여, 전직·재취업, 창업 등 새로운 길을 선택하는 데 도움이 되도록, 사례 중심으로 그 방법을 제시하였다. 현직이든, 이미 퇴직을 하였든간에 지금부터의 방향선택과 치밀한 준비가 남은 인생을 크게 좌우한다.
　남은 인생 잘 살기 위해서 지금의 자기를 바로 알아야 하고 환경변화를 바로 알아야 한다. 자기착각에 빠지지 말아야 한다. 지금까지 누리던 혜택을 과감히 포기하여야 길이 보이는 경우도 많다. 생각을 바꾸어야 한다. 이책의 가이드에 따라 자신의 능력, 경력, 특성, 재무상황 등을 객관적으로 파악해 보아야 한다.
　이책에서 제시한 전직·재취업의 방법론과 관련지식, 정보, 창업 등 다양한 선택지와 준비방법 그리고 관련정보를 숙독하여 바른 방향을 정해갈 수 있다. 한정된 지면에 모든 것을 다 커버하지는 못했지만 큰틀에서 방향과 방법론을 제시하였다. 모자라는 부분은 직접 발로 뛰면서 얻도록 가이드하였다.
　상담을 하면서 적극적이고 긍정적인 사고를 하는 사람과 수동적이고 부정적인 사고를 하는 사람, 현실안주를 하는 사람에 따라 결과가 크게 차이 나는 것을 보았다.

어떠한 환경에 처하더라도 낙심하거나 포기하지 말고 새로운 길, 새로운 기회를 모색하라. 포기는 곧 죽음이고, 도전은 아름다운 미래를 약속한다.

몸이 힘들고 어려울 때 의사와 상의하듯, 마음이 힘들 때도 혼자 고민하지 말고 멘토나 전문 컨설턴트의 도움을 받아 해결해 가라.

작년 한해 사단법인 한국EAP협회(한국EAP협회는 심리학 석사 이상의 상담사 1,150여 명으로 운영되는 국내 최대의 심리상담, 커리어컨설팅 등 근로자 지원 전문기관이다.)에서 커리어컨설팅 연구회를 함께 하면서 많은 사례 발표와 자료 제공, 강의 등으로 도움을 주신 15명의 전문가 그룹(민병률 상임이사, 김수한, 김영란, 김정기, 신홍석, 신연수, 오정화, 윤종진, 이달영, 이민영, 이정선, 임선경, 임창빈, 조원경, 차하나) 여러분께 진심으로 감사 드린다.

2020년 1월
지은이 정상곤

차례

머리말 4

① **기로의 4050, 변화의 탐색**

변화를 탐색하는 4050 /13 상담실을 노크하는 직장인들 /19 • 세미나실에 모인 사람들 /32 • 중년사춘기 /38 • 뜻대로 안 되는 직장생활 /46 • 착각에서 탈출하라 /52 • 커리어컨설팅 프로세스 /58

② **New Start를 위한 자기발견**

Life Plan과 New Start를 위한 전제조건 /63 • 자기발견은 자기 Open으로부터 /67 • 환경분석 /74

③ **선택 New Start, New Life**

나를 위한 성공의 정의 /101 • 선택의 7가지 마음자세 /111 • 최선의 선택을 위한 상황정리 /116 • 이제는 선택의 시간 /119

④ **전직·재취업의 성공을 위하여**

전직·재취업의 성공 사례에서 배우는 포인트 /125 • 구직준비도검사 활용 /131 • 전직·재취업의 성공을 위한 마인드 체인지 /133 • 기업의 중도채용 이유와 프로세스 /136 • 타겟기업 선택의 전제조건 /138 • 타겟기업의 서칭과 조사방법 /148 • 입사지원서 준비 /153 • 면접 준비와 면접 요령 /158 • 새 직장 적응의 성공 사례와 실패 사례 /165

⑤ 탈샐러리맨, 새로운 길

탈샐러리맨 /173 • 창업 /178 • 창직 /190 • 귀농·귀어 /192 • 사회적기업 창업 /199 • 해외에서 새로운 길 /209 • 사회봉사의 길 /212

⑥ 4050, New Start 의 성공포인트

New Start를 위한 다짐 /217 • 강하게 열망하라 /223 • 틀에서 벗어나라 /227 • 세상의 흐름에 주목하라 /229 • 정보 네트워크·인적 네트워크를 구축하라 /236 • 나날이 만드는 놀라운 결과에 주목하라 /238 • 늦었다고 생각할 때가 가장 빠를 때 /241

참고문헌　242

① 기로의 4050, 변화의 탐색

Career Consulting Process / Employee Assistant Program

기로의 4050, 변화의 탐색

⬇

자기발견
- 상황분석 (고용환경, 사회변화, 나이, 재무상황, 가족 상황, 건강)
- 가치분석 (능력, 경력, 업적, 전문성, 자격증, 직업역량, 발전성 등)
- 특성분석 (직업적성, 성격특성, 생활사, 가치관, 커리어앵커)

⬇

선택 New Start, New Life

A ⬇   S ⬇   D ⬇

브릿지 Bridge

B ⬇   C ⬇

전직 · 재취업
1. 동일업종, 이업종
2. 동일직종, 이직종
3. 중소기업 벤처기업
4. 해외취업, 기타

E ⇒

탈샐러리맨, 새로운 길
1. 창업, 창직
2. 귀농, 귀어, 귀촌
3. 사회적기업, 해외취업
4. 사회봉사의 길, 은퇴

⬇   ⬇

Target 분야 설정, 기업 탐색
구직활동 방법
이력서, 경력서, 면접
새 출발의 성공자세

각 분야 기본지식과 정보
전문 지원기관, 교육기관
성공 사례 학습
사전준비와 성공포인트

⬇

4050, New Start 성공을 향하여

1 변화를 탐색하는 4050

세계경제 불황, 경제성장율 2%, 고령화, 저출산, 취업난 등 경제와 관련하여 어두운 소식 투성이다. 아래와 같은 뉴스를 보면 덜컥 불안해진다.

내년 더 어렵다. 희망퇴직 받고 설비투자 멈춰……, 재계 초비상.
기업의 비상경영 선포가 줄을 잇고 있다. 내년 경영계획을 짜기에 앞서 허리띠를 조르며 빙하기를 맞이할 준비 작업에 돌입하고 있다. 업종을 가리지 않고 희망퇴직 신청이 이어지면서 근로자의 한숨은 덩달아 깊어가고 있다. 올해 중순 자동차 산업에서 시작한 비상경영 체계는 수출 효자 품목인 반도체를 지나 석유화학, 유통 등 국내 산업 전 분야로 퍼지고 있다.

「중앙일보」 2019.11.15

나는 언제까지 이 회사 다닐 수 있을까, 이대로 계속 이 회사 다녀야 하나, 만약 회사를 옮긴다면 어디로 갈까, 한 살이라도 젊을 때 창업을 해 볼까?
쌀쌀한 날씨가 더 춥게 느껴진다. 오랜만에 반가운 친구들 만나러 가는 김팀장의 코끝을 스치는 찬바람이 옷깃을 파고든다. 추위가 마음속으로 파고든다.

몸보다 마음이 더 춥다

망년회 겸해서 친한 대학 동기 다섯 명(고 팀장, 이 교수, 김 팀장, 최 이사, 박사장)이 충무로에서 뭉쳤다. 다들 바쁘다보니 이렇게 만나기도 쉽지 않다.

"박사장, 요즈음 중소기업 운영하느라 고생이 많지? 불경기다, 최저임금 인상이다 해서 난리던데 그래도 자네는 용하네. 일찍 나가 자리잡은 자네가 부럽네. 우리 같은 샐러리맨들은 자기 회사 만들어 사장님 소리 한번 들어보는 것이 꿈 아닌가."

"나같이 중소기업 운영하며 고생하는 사람이 뭐가 부러워? 나는 자네들이 교수다, 대기업 간부다, 은행 간부다 해서 너무 부러웠다네. 나는 자네들 같은 엘리트들과 경쟁하면서 직장생활 계속할 자신도 없고, 그래서 차장 때 일찌감치 사표 내고 나와서 창업했지. 고생이 이루 말할 수 없이 많았다네. 그래도 5년간 부리나케 뛰어다니다 보니 조금씩 자리잡혀 다행히 이 불황기에도 제법 흑자가 났어. 이제 나도 조금 허리를 펴게 되었어. 매도 먼저 맞는게 낫다고 일찍 탈샐러리맨한 것이 잘한 것 같기도 해."

"박사장, 자리잡았구만. 추카추카! 자, 발전을 위해 한잔 더!"

"고팀장, 요즈음 일본 기업들 어렵다던데 그 회사는 어때? 뉴스 보고 불매운동 여파로 힘들다는 몇몇 기업들 이야기는 알지만, 나머지 기업에 대해서는 잘 몰라."

"듣는 대로야. 올해는 아주 힘들었어. 하반기 매출이 30퍼센트 가까이 확 줄었어. 한일 관계가 회복되어도 바로 회복 안 될지 몰라 걱정이야."

"그래? 자네 회사도 30%나 매출이 줄었어? 생각보다 심각하네. 그런데 이교수 오랜만이야. 이교수는 지방 대학에서 근무하니까 주

말에만 서울 오지?"

"그렇지. 여전히 주말 부부라네. 부부가 함께 지내야 하는데 말이야. 가끔 마누라 만나면 반갑기도 하고, 어떨 때는 서먹서먹하기도 해. 난 자네들이 부러워."

"김팀장은 여전히 혈색이 좋네. 은행원답게 깔끔하구만."

그거 듣던 중 반가운 소리군. 속은 썩어도 겉이라도 번듯하게 보여야지."

"우리의 호프 최이사 대기업 중역이 되셨는데 요즈음 아주 살맛 나겠네. 지난 4월에 자네 진급했다고 축하주 마셨는데 벌써 연말이 가까워지니, 참 세월 빠르다. 자, 우선 한 잔 쭉 비우자. 역시 친구들과 한잔하는 것이 최고야."

"자네들 아까 나보고 혈색 좋다느니 깔끔하다느니 그런 소리 했지. 듣기는 좋다만 요즈음 은행원들 기분 알고나 하는 소리야? 인터넷 뱅킹하고, 모바일 송금하고, 자동이체하고, 크레딧카드 쓰다 보니 현금도 안 가지고 다니지? 최근에 은행 가본 지 얼마나 되니?『축소지향의 일본』이라는 책이 한때 베스트셀러였지. 그런데 요즈음은 '축소지향의 은행'이란 말이야. 나도 내년이나 내후년에는 명퇴당할 것 같아. 기가 막힌다."

"어이 김팀장, 왜 그래? 명퇴 안하면 안돼? 정년 퇴직 때까지 은행에서 버티면 안돼? 사표 안 쓰는데 어떻게 내쫓아?"

"이교수, 버텨? 어떻게? 버티면 사람 말라 죽게 할텐데. 그렇게 버티는 친구도 있지만 정신적 고통으로 대개 일 년을 못 버티더라. 그러다가 사표 내면 명퇴금도 못 받아. 자네 같은 대학 교수는 우리들

15

의 고민을 잘 모를 거야."

"저 친구 은행에서 돈만 만지다 보니 세상 물정 어둡네. 대학 교수도 옛날 같지 않아. 저출산 문제가 심각하여 대학 진학하는 학생 수가 급격히 줄어 드니 그 많은 대학이 학생을 어떻게 다 채우겠어? 그러다 보면 학생을 못 채우는 지방대학부터 문을 닫겠지. 대학이 문 닫으면 교수라고 뾰족한 수가 있겠어? 요즈음 나는 본업인 연구보다는 졸업생 취업 알선과 신입생 모집해 오는 일이 주업무 비슷하게 돼버렸어. 나도 걱정이 많다네. 내가 요즈음 뭐하는건지 모르겠어. 그런데 김상철이는 왜 오늘 안나왔지?"

"못 들었어? 얼마전에 명퇴당했는데, 지금 재취업자리 알아보고 다니는가보더라고. 생각대로 재취업이 잘 안 되어 고민이래, 그러니 오늘 오기가 좀 그랬나봐."

"자, 자, 어두운 소리 그만하고, 우리의 호프 최이사, 지난 봄에 특진 축하주 샀는데, 연봉도 많이 올랐고, 신나지? 한국경영자총협회지 조사에 의하면 대기업 신입사원 중 중역이 되는 것은 불과 0.6%밖에 안 된다던데, 바늘구멍을 뚫고 중역이 되었으니 얼마나 축하할 일인가. 어디 대기업에서 크게 오른 연봉으로 오늘 술 값 한번 내봐."

"알았어. 술값은 내가 낼게. 마셔마셔! 요즈음 세상은 정신없이 바뀌는 것 같아. 스마트폰 하나만 보아도 세상이 얼마나 바뀌는지 알 것 같아. 스마트폰이 나온 지 불과 몇 년밖에 안 됐는데 이제는 스마트폰 없이는 못 살 것 같은 세상이 됐고, 쇼핑도 온라인이나 휴대폰으로 하다 보니 대형 유통점도 앞으로는 옛날 같지 않을 거야. 폴더블폰은 또 다른 세상을 열 것이고, 이제는 스마트폰으로 통역이 가능하다 보니 그 진보가 상상을 초월해. 스마트폰 때문에 새로 생겨나는 직업과 없어질 직업이 얼마나 많을지. 스마트폰은 그저 하나의 예에 불과해. 4차산업혁명, 인공지능·로봇·드론 등 급격한 기술의 변화와 저출산, 고령화가 가져올 사회 변화는 삶의 지형을 완전히 바꾸어 놓을거야. 나는 요즈음 그런 변화를 연구하면서, 새로 생길 신종직업에 대해서 관심이 많아. 너희들도 10년 후 20년 후에 다가올 미래세상에 대해 관심을 가져야 해. 사업을 하든, 직장을 바꾸든 간에 흐름에 맞게 해야 살아 남지. 너희들 세상을 바꾸고 있는 다음과 같은 키워드들 얼마나 알고 있어?"

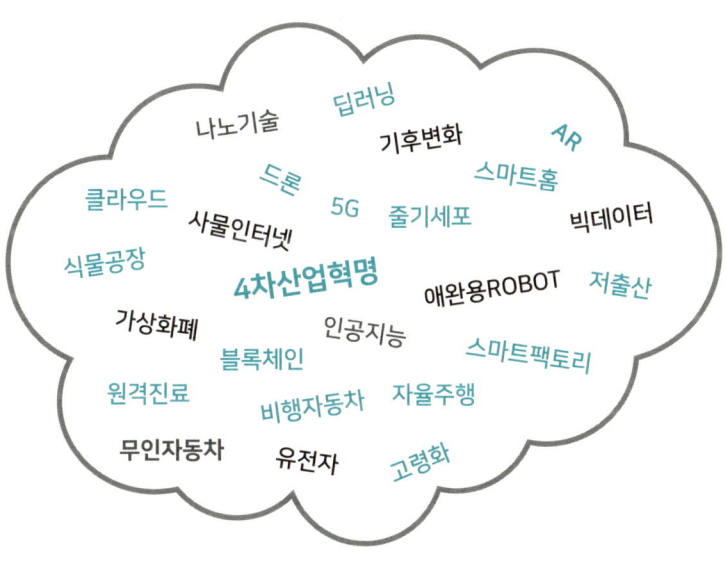

"와, 최이사 대단하네. 역시 대기업 중역이 된 사람은 다르네. 그 말이 맞는 것 같아. 그런데 이런 큰 변화에 우리가 너무 무관심한 것 같아. 너무 어렵게만 느끼고 있는 것 같아. 요즈음은 어린이든 노인

이든 모두 스마폰을 잘 활용하는 것을 보면 세상의 변화에 따라가는 공부를 지금부터라도 해야겠어."

"맞아. 변화를 따라가야 해. 그래야 우리가 10년 후 20년 후까지도 계속 성공적인 모습으로 만나지. 이대로 고민만 하지 말고 우리 모두 이제부터 새로운 길을 찾아보세. 처음에는 어두운 이야기로 시작했는데 희망찬 이야기로 마무리하니 좋네. 김팀장, 고팀장 자네들도 불안이 많은 것 같은데, 내가 좋은 분 소개할테니 가서 상담 한 번 받아보게. 나도 답답할 때는 한 번씩 찾아뵙는 분이야. 심리상담과 커리어컨설팅을 하는 분으로 사회 경험도 풍부하시고 일흔 살인데 아직 정정하게 활동하신다네. 나도 일흔에 저런 인생을 살면 좋겠다고 부러워하는 나의 롤 모델일세."

"그런 분이 계셔? 그래 상담을 한번 받아보자! 박사장 추천이면 꼭 한 번 찾아 뵈어야겠어. 자, 자, 벌써 시간이 이렇게 되었네, 오늘은 이만 끝내자. 최이사 고마워. 잘 마셨어."

돌아오는 길에 김팀장은 생각을 해본다.

'일단 은행에서 더 버텨볼까, 박사장 말대로 한 살이라도 젊을 때 창업을 해볼까, 성장가능성있는 벤처기업으로 옮겨볼까?'

그러면서 혼자 흥얼거리며 노래를 부른다.

이리갈까~ 저리갈까~ 차라리 돌아갈까, 세갈래 길 삼거리에 비가 내린다~

2 상담실을 노크하는 직장인들

종전에는 직장 인간관계나 가정사 상담이 많았는데 최근에는 장래의 걱정, 불안, 새로운 선택을 위한 상담이 늘고 있다.

"회사가 불안해요. 다른 회사로 전직을 서둘러야겠습니다."
"실직했습니다. 빨리 재취업해야 합니다."
"성장가능성 있는 회사로 전직하고 싶어요."
"심한 스트레스를 받고 있어요. 이 직장에서 벗어나고 싶어요."
"내년에 정년퇴직인데 마음만 급합니다. 어떻게 준비하지요?"
"전부터 해보고 싶은 분야가 있어서 창업을 하고 싶어요."
"수입은 적어도 보람있는 일을 하고 싶어요."

커리어컨설턴트들은 이 같은 상담내용에 대해 내담자의 환경·능력·경력·가치관·나이·재무상태·가족관계·건강상황 등을 이야기 나누면서, 각각 사례에 맞는 해결안을 찾아간다.

예컨대 "회사가 불안해요, 다른 회사로 전직을 서둘러야겠습니다." 하는 상담을 해오면, 개개인의 상황을 들어가며 어떤 선택을 하는 것이 최선인지 어드바이스를 한다.

» 회사가 어떤 요인에서 불안한지,
» 급히 옮겨야 하는지, 막연한 불안감인지,

> » 동일업종으로 전직할지 아니면 다른 업종으로 가도 좋은지,
> » 내담자의 업무능력은 어느 수준인지, 경력은 어느 정도인지,
> » 다른 회사로 전직이 가장 좋은 선택인지, 다른 선택지는 없는지

컨설턴트는 앞에서와 같은 내용들로 여러 질문을 던지면서 내담자가 생각하도록 한다. 방향을 선택해야 할 때 필요한 정보를 제공하고, 자기분석도 시키면서, "자, 그러면 지금부터 어떻게 하면 좋을까, 무엇이 최선일까," 하는 현명한 선택을 하도록 돕는다. 지나온 과거, 이미 벌어진 일을 탓하기보다는 '현재 이 시점에서 어떤 행동이 가장 최선일까를 도와주는 현실요법과 선택이론에 기초한 상담기법을 자주 활용한다.

쉽게 설명하자면, 과거의 잘못, 후회스러운 것에 연연하기보다는 지금 현재를 중시하는 것이 문제 해결에 도움이 된다는 것이 현실요법의 기본이다. 만약 직장을 잃고 당황해하는 직장인에게 "진작 자격증이나 퇴직을 대비해 준비를 해 두시지 그러셨어요," 라든가, "그러니까 그 회사가 위험하다고 했지요," 라는 충고는 아무런 도움을 주지 못하고 오히려 실망시킬 뿐이다. 접시를 떨어트려 깨어버린 아이에게 "그러니까 조심해야지, 전에도 주의하라 했지." 하는 충고를 한들 이미 깨진 그릇을 도로 원상태로 돌릴 수는 없다." 감정만 자극하게 된다. 이미 직장은 퇴사당했고, 이미 그릇은 깨어졌다. 이때 "자, 그러면 지금 현재 당신이 할 수 있는 것이 무엇입니까, 현재 당신이 원하는 것은 무엇입니까." "발은 다치지 않았니? 빨리 청소하자. 잘못하면 파편조각에 발다친다." 하고 현재를 중시하는 것이다.

"앞으로 그릇을 깨지 않기 위해서 어떻게 하면 좋을까?" "지금부터 원하는 직장을 선택하여 재취업하기 위하여 우선 무엇을 해야 할까요? 어떤 분야의 직장을 원하시는지요? 당신의 기대와 희망을 이야기해 보십시오." 하고 지금부터 해야 할 최선의 행동 선택을 생각해야 한다.

과거보다는 현재의 상황을 이해하고 현재 최선의 수습책, 방안을 생각하고, 그리고 지금부터 미래, 앞으로의 행동선택을 상담해 나가는 것이 현실요법과 선택이론의 기본이다.

어느 직장인이 승진에 실패하여 화가 나서 상사를 욕하고 며칠간 회사를 나가지도 않고, 계속 그 상사를 원망하며 1년을 근무하면 그 다음 해에도 그에게 승진의 기회는 오지 않을 것이다. 승진에 누락된 것을 인정하고 마음을 진정하고, 상사에게 자신의 부족한 점을 솔직히 지적받고 단점을 보완하면서 일 년을 열심히 하면 반드시 승진의 기회가 올 것이다. 아니면 승진에 누락된 원인을 차분히 분석하여 새로운 직장생활을 설계하여 준비를 해가면 전화위복의 새로운 기회가 올 것이다. 직장을 잃은 경우도 마음자세는 동일하다. 승진에 누락되었거나, 갑자기 직장을 잃었거나, 새로운 진로를 모색하거나, 사표를 내었거나 그렇게 된 현재를 받아들이고, 지금부터 자신을 냉정히 살펴보고 자신의 능력이나 환경에 어울리는 다음의 방법, 전략을 선택하고 실행하는데 집중해야 한다. 커리어컨설턴트들은 그런 내담자의 심리상태, 현재 환경, 능력 등을 이해하고 함께 분석하여 지금부터 미래를 향해 최선의 행동을 택하도록 돕는 일을 한다.

과거보다는 현재, 현재보다는 미래를 중시하며 생각과 행동을 정리해가야 지금의 어려움을 해결해 나갈 수 있다.

힘들고 어려운 직장인에게 지금 이 시점에서 선택해야 할 최선의 행동은 무엇일까.

최선의 선택을 위해 아래 질문에 자기의 생각을 적어보라.

1) 현재 무엇이 문제인가?

a) 회사가 불안하다면 어떻게 불안한가?
b) 실직했다면 실직의 원인은 무엇일까?
c) 지금 회사는 어떤 문제가 있어서 성장가능성 있는 회사로 옮기고 싶은가?

2) 언제 이런 문제를 만나게 되었나?

a) 언제부터 회사가 불안하다고 느꼈는가?
b) 실직은 언제 했는가?
c) 언제부터 회사를 옮기겠다고 생각했나?

3) 지금 가장 원하는 것은 무엇인가?

a) 성장업종으로 전직하고 싶은가?
b) 지금의 회사에서 다른 방법을 찾을 수는 없을까?
c) 재취업을 원하는가?
d) 창업을 하고 싶은가?
e) 아니면 다른 길을 찾는가?

4) 지금 원하는 것을 달성하면 인생이 어떻게 좋아질까?

a) 회사만 옮기면 불안감이 사라질까?
b) 재취업하면 경제적 문제가 어떻게 해결될까?
c) 성장분야로 갈아타면 장래가 어떻게 달라질까?

5) 지금 원하는 것을 얻기 위해 가지고 있는 자원은 무엇인가?

a) 내세울만한 실적·전문성·실무 경험은 무엇일까?
b) 어떤 자격증이 있는가? 어떤 자격증을 준비중인가?
c) 어학력은 어느 정도인가?
d) 지원해 줄 인적 네트웍은 얼마나 있는가?

6) 지금 원하는 것을 얻기 위해 부족한 자원은 무엇인가?

a) 전직·재취업을 위해 가장 부족하다고 생각하는 것은 무엇인가?
b) 창업을 위해 무엇이 부족하다고 느끼는가?
c) 자금력은 어떠한가?

7) 원하는 것을 얻기 위해 지금 무엇부터 시작해야 할까?

a) 전직·재취업에 성공하려면 무엇부터 시작해야 할까?
b) 부족한 능력을 보완하기 위해 어떤 공부부터 시작해야 할까?
c) 창업을 하기 위해 무엇부터 준비해야 할까?

갑자기 써 보라고 하여 깊이 생각할 여유가 없을지 모르겠다. 자신에 대해, 자신의 길에 대해 평소에 끊임없이 생각하고, 바른 준비를 하도록 하려고 위의 질문을 했다. 위 질문을 깊이 생각해 보고 적어보면 큰 도움이 될 것이다.

"선생님, 안녕하십니까. 저는 은행에 근무하는 김성철 팀장이라고 합니다. 제 친구 박성수 사장이 선생님을 소개하여 상담 신청합니다."

"아, 박성수 사장, 잘 압니다. 6년 전에 저를 찾아와서 상담을 받은 후 재취업을 포기하고 창업을 했지요. 창업 준비기나 창업 초기에는 자주 들러 이것저것 상담 받으시더니 요즈음은 통 연락이 없더군요. 무소식이 희소식이라고 사업이 잘 되는 모양이지요?"

"예, 선생님. 며칠 전에 만났는데 사업이 잘 되는 모양이었습니다."

"전화 잘 하셨습니다. 제가 오후에 시간 여유가 있는데 을지로 3가 한국EAP협회 상담실로 오시겠습니까, 아니면 조용한 커피숍에서 만날까요?"

"가능하시면 근처 조용한 커피숍으로 부탁드립니다."

상담을 요청하는 사람들은 남의 눈을 의식해 상담실이라고 표시된 곳에서 상담받기를 주저하는 경우가 많다. 대기업들은 사내 상담실을 운영하는 경우가 많은데, 사내 상담실 출입은 남의 눈을 의식해서 기피하는 정서가 깔려 있다. 특히 상담사가 회사 내부의 전문가일 경우는 상담내용이 밖으로 샐 것 같은 두려움으로 상담을 기피하는 경향이 크다.

우리나라는 아직 상담을 받는데 익숙한 문화가 아니다. 불과 얼마전까지만 하여도 정신과 진료를 받으면 정신이상자 취급 받을 것 같아 진료받는 것 자체를 숨기는 것이 일반적이었다. 요즈음은 불면증, 우울증을 포함하여 정신과 진료가 크게 늘어가는 추세지만 아직도 일반 심리상담은 그 필요성에 비하여 인식이 낮은 편이다.

직장에서 상사에게 감기가 걸렸다고 하면 즉시 병원에 가서 치료받거나 쉬라고 하면서 심한 스트레스나 우울증(마음의 감기)으로 2~3일

휴가를 내겠다고 하면 선뜻 허락하지 않는 것이 아직 우리의 일반적인 정서다.

한 직장인이 일본기업 동경본사로 근무지가 바뀌었을 때 이야기다.

"선생님! 동경 본사에 부임하니 인사부에서 전화번호를 하나 주면서, 혹시 힘들거나 말 못할 고민이 생기면 언제든 상담을 받으라고 했어요. 외부 전문가인데 기밀은 유지되고, 비용도 회사 부담이라고 합니다."

일본뿐만 아니라 웬만한 선진국들은 직원들의 멘털헬스에 관심이 큰데 우리나라는 아직 이 부분에서는 초기단계다. 을지로의 조용한 커피숍에서 김팀장을 만났다. 일견 아주 깔끔한 외모에 걱정이라고는 없어 보이는 중견직장인이다. 명함을 받아보니 모은행 서대문지점에서 근무를 한다.

"죄송합니다. 제가 상담실로 찾아뵈어야 하는데 밖에서 뵙자고 해서."

"아닙니다. 김팀장님처럼 밖에서 상담을 선호하시는 클라이언트도 많으십니다. 부담 갖지 않으셔도 됩니다. 김팀장님처럼 용기를 내어 상담 신청을 하는 것은 아주 좋은 선택을 하신 것입니다. 대부분 혼자 끙끙거리고, 술 마시고, 방황하지요. 죄송합니다만 우선 상담 신청서 쓰신 후 서명해 주시기 바랍니다. 상담 신청서는 간단한 설문과 상담 희망내용, 비밀유지 확인 등으로 구성되어 있습니다. 상담일자, 시간, 상담료도 확인해 주셔야 합니다. 서명을 하신 후 상담에 들어가겠습니다."

상담실을 찾는 사람들(내담자)은 심리적으로 불안하고, 위축되고, 흥분상태일 경우가 많다. 그런 내담자의 마음, 불만 바램 등을 이해하고, 상담이 원활히 진행되도록 상호 신뢰의 대화 분위기 조성이 무엇보다 중요하다. 상담을 신청한 내담자와 상담에 응하는 컨설턴트가 서로 마음이 통하고, 터놓고 무엇이든지 말할 수 있는 상태, 공감대가 형성되고, 친밀한 관계가 되며 상호신뢰관계가 구축되는 것을 심리학 용어로는 라포 rapport형성이라 한다.

라포형성의 포인트는 여러 가지가 있지만 두 가지만 소개하겠다.

컨설턴트의 좋은 이미지, 즉 진정으로 당신을 도와주려 합니다, 하는 눈빛, 표정 그리고 마음 편하게 이야기할 수 있는 장소와 분위기, 부드러운 목소리 등 상담자와 만나는 초대면의 인상은 아주 중요하다. 캘리포니아대학의 심리학과 교수 알버트 메라비안은 사람이 다른 사람을 어떻게 인지하는지에 대해 실험한 결과, 시각적인 효과 55%, 목소리 38%, 말하는 내용 7%라고 했다. 컨설턴트의 첫인상은 오랜 시간 지속된다.

상담을 시작하면 첫시간에는 컨설턴트는 20%도 이야기하지 말고 주로 듣는 것이 좋다. '그건 오해시네요, 상사도 그럴 사정이 있겠지요, 잠깐 제가 한마디 드려도 될까요.' 하면서 서둘러 지도하려는 방법이 가장 나쁜 방법이다. 내담자가 이야기하는 도중에 비록 논리적으로 좀 맞지 않더라도 도중에 컨설턴트가 말을 자르거나 서둘러 충고하거나 조언하려 하면 내담자가 마음을 닫아버리기 쉽다. 자신의 이야기를 잘 들어준다, 자기 입장을 이해해 준다는 느낌이 들면 내담자는 안심하고 점점 자기 이야기를 더 풀어 놓는다.

서명을 마치자 바로 김팀장이 이야기를 시작하였다.

"선생님, 요즈음 은행권 구조조정이 아주 심합니다. 그래서 저희들은 매일 불안을 마음에 품고 살아가고 있습니다. 저도 내년, 늦어도 내후년이면 명퇴 대상에 들어갈 것 같은데, 어찌해야 좋을지 몰라 고민을 하고 있습니다. 요즈음은 잠도 잘 안 오고, 식욕도 없고, 제가 한심한 생각이 듭니다. 선생님의 고견을 듣고 싶습니다."

불안감은 누구나 종종 겪는 정상적인 반응이다. 실직의 위험은 불안을 넘어 공포감마저 들게 한다. 불안감은 그냥 방치하면 식욕부진, 불면증, 무기력증 등 다양한 신체적 문제가 발생하고 우울증 등 정신질환으로 발전한다.

건강보험심사평가원 자료를 보면 2017년 우울증으로 병원 진료를 받은 사람이 68만 명이고 날로 증가추세에 있다.

2015-2017년 진료 인원

일반적으로 직장인들은 우울증을 잘 모르고 그것이 지속되면 심각한 우울증에 빠지게 된다는 인식을 못하고 있다.

우울증은 정말로 무서운 병이다. 영혼을 갉아먹는 병이다.

김팀장은 우울증 증세를 보이는 것 같았다. 이럴 때 심리상담을 받아 스트레스를 해소하는 적절한 조처를 하지 않으면 안 된다.

"김팀장님, 많이 불안하시겠어요."

"예, 많이 불안합니다. 실직하면 당장 대학 2학년 아들과 재수생 딸의 학비도 부담입니다. 그리고 향후 아이들 결혼 자금도 필요하고, 우리 부부의 노후준비도 해야 하는데, 선생님도 잘 아시다시피 샐러리맨 생활 오래하다 보면 저축도 많이 못하잖아요."

"맞아요. 대부분 샐러리맨들의 일반적인 상황이지요."

"더욱이 연로하신 부모님이 계시는데, 두 분의 의료비, 생활비 등도 지금 형제들이 나누어 분담하고 있는데 그것도 걱정입니다. 아직 제 나이 마흔 아홉인데, 100세시대라고 하니 아직도 최소한 40년 이상은 더 살 것 같아요. 장수가 축복이 아니라 재앙이라는 말에 공감하고 싶어집니다."

"참고로 부인께서는 어떤 일을 하시나요?"

"집사람은 결혼할 때는 직장 다녔는데, 아이들 키우느라 회사를 그만두고 육아에 전념했습니다. 아이들이 초등학교 들어가서 조금 여유가 생기면서 취업을 시도했는데 마땅한 자리가 없어 지금까지 그냥 가정주부입니다. 경력단절 여성, 즉 경단녀입니다."

"그러시면 혼자서 가정경제의 모든 짐을 짊어지고 계시는군요."

"그런 셈이지요. 부모님으로부터 물려받을 재산도 없고, 집사람이나 아이들은 저의 이런 불안을 잘 모르는 것 같아요."

"그러시군요, 부인께서 함께 고민하고 힘을 합치면 더 좋겠군요."

"그래주면 얼마나 좋겠습니까."

"김팀장님, 은행의 그런 문제는 몇 년 전부터 감지하셨을 텐데 조기 퇴직을 전제로 그동안 혹시 어떤 준비를 해 오셨는지요?"

"준비요? 마땅히 준비를 했어야 했지요. 그런데 잘 못했습니다. 걱정만 하고 시간만 보내다가 지금까지 오고 말았습니다."

"그러시군요, 준비를 잘 하지 못하셨군요."

"너무 낙심하지 마십시오. 김팀장님만 그런 것은 아닙니다. 많은 분들이 김팀장님처럼 걱정만 하다가, 일에 몰두하면서 또 잊어버리고, 그렇게 나이가 들어갑니다."

"제가 지금부터 무엇을 어떻게 준비해야 할지 몰라서 답답합니다. 그래서 선생님을 찾아뵙게 되었습니다."

"잘 알겠습니다. 그러면 이제부터 다음과 같은 순서대로 이야기를 해 보기로 하겠습니다.

1) 김팀장님의 상황, 환경을 상세히 분석해 보겠습니다.

2) 김팀장님의 능력과 업무성과 등을 다시 한번 평가해보고, 필요한 검사, 즉 직업적성검사, 성격검사, 가치관검사 등을 해보겠습니다.

3) 평소 김팀장님 마음 깊이 간직해 온, 꼭 해보고 싶었던 것, 어릴 때부터의 꿈도 다시 한번 끄집어내 보기로 해요.

4) 전직을 한다면 어느 분야가 좋을까. 조금 더 좋은 곳으로 취업하기 위해서 어떤 공부를 해야 하나, 어떤 자격증을 따야 하나, 누구에게 어떻게 부탁할까.

5) 전직으로 방향이 설정되면 전직에 필요한 준비를 해야 합니다. 그 준비내용을 구체적으로 가르쳐 드리겠습니다.

6) 상담 도중 혹시 창업이나 귀농 등을 고려하시게 되면, 창업상담, 귀농 등을 돕는 기관들과 교육 프로그램도 소개해 드리겠습니다. 물론 저도 많은 부분 도와드리도록 하겠습니다."

"선생님, 잘 알겠습니다. 제가 그동안 마음만 급했지 지금 말씀하신 대로 차분하게 하나하나 분석하고 준비할 생각은 하지 못하였습니다."

"김팀장님, 마침 2주 후부터 매주 토요일에 한국EAP협회에서 제가 주관하는 중견직장인의 커리어상담 연수「선택 New start, New life」에 참가하면 어떠시겠습니까? 비슷한 고민을 가진 여러 직종의 중견직장인을 만날 수 있고, 연수를 통해 방향을 잡고, 구체적 목표도 설정할 수 있을 것 같아요. 연수중이라도 물론 김팀장님이 요청하시면 개별상담을 병행하겠습니다."

"그렇습니까. 마침 잘 되었군요. 그렇게 하겠습니다. 선생님 무언가 가슴을 꽉 누르던 돌 덩어리가 치워지는 것 같습니다. 그러면 협회에 연수 참가신청을 하고 2주 후 토요일에 뵙겠습니다."

"그러면 세미나장에서 뵙겠습니다. 중견직장인의 고민은 김팀장 같은 은행원만의 문제가 아닙니다. 4차산업혁명, AI, 5G 등등의 기술혁신, 고령화, 저출산, 경기침체 등의 여파로 산업의 지형변화와 업종의 부침이 심해질 것이고, 그에 따른 직장의 구조조정, 업계의 구조조정이 더욱 가속될 것입니다. 따라서 직장인들에게는 더 많은 신변의 변화가 닥쳐올 것입니다. 이런저런 큰 변화에 직격탄을 맞는 분야에 종사하는 직장인들에게 불안과 공포의 시간이 다가오는 것입니다. 마치 격랑의 바다에서 강풍과 파도와 처절하게 싸우는 선원들 같습니다. 그래도 그런 격랑을 이겨내야 합니다. 어떤 변화에도 대처해야 합니다. 새로운 길을 찾아야 합니다. 노력하는 사람에게만 길이 보이고 길이 열릴 것입니다. 가족이 있고, 앞으로 살 날이 수십년인데 어떻게 여기서 이대로 주저 앉을 수 있겠습니까?"

이런 큰 변화가 일어나고 더 큰 변화가 쓰나미처럼 몰려오는데도 당장 자기에게 문제가 닥치지 않으면 많은 사람들은 그것을 그냥 남의 일로, 남의 집 불구경하듯하게 마련이다. 정작 그것이 자기 문제가 되었을 때, 자기 발등에 불이 떨어져야만 난리법석인 것은 한국인의 일반적인 특성인 것 같기도 하다.

어떻게 대응해야 하나. 정부는 구호는 요란하게 외치지만 실질적인 도움을 주지 못하고, 기업은 중견직장인을 점점 짐으로 여기며 은근히 나갔으면 하고, 노조는 이런 고민을 해결하기 위해 재교육, 상담 등 제도 신설을 회사와 협상하면 좋겠는데 역시 정치 구호만 외쳐댄다. 대기업, 중소기업, 그 속에서 고민하고 방황하는 많은 직장인들, 스스로 험한 격량의 시대를 이겨내기 위한 새로운 길을 모색해야 할 때다. 혼자서 어려우면 상담을 받아야 한다.

3   세미나실에 모인 사람들

    토요일 아침인데, 세미나실에 들어서니 벌써 30여 명의 40세 중반부터 50세 후반까지의 수강자들이 착석하고 있다. 벽에는 「선택 New Start , New Life」라는 플랭카드가 걸려 있다.
    낯익은 얼굴도 몇 보인다. 강사 프로필을 화면에 띄우면서 참석자들에게 인사를 건넸다.

"여러분 안녕하십니까. 세미나 참석을 환영합니다. 저는 대기업 직장생활 15년, 중소기업 창업, 외자계기업 사장, 경영컨설팅과 20여 년의 심리상담, 커리어상담 경험이 있습니다. 전직, 전업, 창업, 창직 등의 직장 경험과 커리어상담의 오랜 경험으로 오늘 오신 여러분이 좋은 방향을 선택하실 수 있도록 진행해 보겠습니다."

"선생님 60세 초반 정도로 보이시는데 소개 화면에 70세로 되어 있어서 놀랐습니다."

"하하하, 거짓말이라도 그렇게 말씀하시니 기분이 좋네요. 요즈음 제가 직장인들 상대로 상담과 강의를 하는데, '저도 선생님처럼 70세 이후에 왕성한 사회 활동을 하는 사람이 되면 좋겠어요. 그런 활동을 할 수 있는 비결을 알려주세요' 하는 이야기를 들으면 더 힘이 난답니다. 『일의 미래 The Shift』 저자 린다 그래튼은 '이제까지

80년 동안 살고 60세까지 일을 했다면 앞으로는 100년을 살고 80세까지 일을 해야 합니다. 과거보다 훨씬 더 오래 일을 해야 합니다.' 했습니다. 삼성생명은퇴연구소에서 은퇴 예정자들에게 정년퇴직 후 언제까지 일하고 싶은지 물어보았는데 평생 일하고 싶다는 분이 39.5%나 되었다고 합니다. 제 생각에는 그분들이 실제로 퇴직 2~3년 후에 언제까지 일하고 싶으냐고 다시 한번 설문을 하면 평생 일하고 싶다는 비율이 더욱 높아지리라 생각합니다. 삼성생명은퇴연구소 조사에서 55세에서 79세 사이의 경제 활동하는 분들에게 계속 일하고 싶은 이유에 대해 물어보았더니, 1위는 생활비에 보탬이 되기 때문이고, 2위는 일하는 즐거움이 있기 때문이라고 응답했답니다.

저는 현재 70세 프리랜서로 고문, 강연 등의 활동을 하고 있습니다. 다행히 경제적으로 어려움은 없지만 그래도 수입이 생기면 이 나이에도 사회에 쓸모가 있다는 자부심에 만족스럽고, 무엇보다도 일하는 자체가 너무 즐겁습니다.

그러면 여러분, 80에서 현재 여러분 나이를 빼 보십시오. 몇 년이나 더 활동하셔야 하지요? 최소한 20년에서 35년 더 활동기간이 남았지요?

지금부터의 남은 직장생활을 지금의 직장에서 하거나 전직·재취업을 하더라도 그 일이 70세나 80세까지 연결되는데 도움이 되는 일이면 좋겠습니다.

여러분들이 세미나 참가신청을 하면서 쓰신 참가동기와 목적을 읽어 보았습니다.

» 직장 생활에 회의를 느낍니다. 다른 길을 모색하고 싶습니다.
» 직장생활을 열심히 했는데 갑자기 위기를 맞았습니다.
» 재취업을 해야 합니다. 방법을 배우고 싶습니다.
» 인생의 반환점에 서서 이제 후반전 인생을 재설계하고 싶습니다.
» 커리어컨설턴트로 활동하고 싶습니다.
» 기타

여러분들은 이상과 같이 여러 목적으로 연수에 참여하셨습니다. 그런데 전직·재취업, 창업 등 자신의 방향을 서둘러 결정하기 전에 앞으로의 자신의 삶에 대해, 삶의 의미와 삶의 가치에 대해 깊이 생각하여 삶Life의 방향을 재설계re-setting하는 것, 즉 큰 틀을 잡고 나서 다음의 길을 선택하고, 그 선택한 길의 성공을 위해 구체적인 방법을 찾아가야 합니다.

제가 40대 초반 일본 주재원 시절 읽은 책 중에 오랫동안 기억에 남는 책이 있습니다.

『강하게 믿어라 모든 것이 실현된다』는 제목으로 당시 일본 동해대학 교수로 재직중이던 대만 출신 사세휘謝世輝 교수가 쓴 책입니다. 제목이 우선 강하게 저의 마음을 끌었고, 제1장「열망하는 힘이 모든 것을 바꾼다」는 그 후 제 삶에 큰 가르침으로 자리잡았습니다.

여러분도 얼마만큼 새 출발에 관한 강한 열망이 있는가에 따라 이후 인생의 성공여부가 달려 있다고 생각합니다."

수강자 한 분이 손을 들어 질문을 했다.

"선생님께서 소개하신 프로필을 보면 선생님은 일류대학을 나오시고, 좋은 직장을 다니시고, 외자계회사 사장도 하시고, 창업하셔서 성공도 하시고. 선생님처럼 성공의 길만 걸으신 분이 저희 같은 평범한 직장인들의 심정을 어떻게 이해하시는지요?"

자기의 성공체험 중심으로 현실감 없는 이야기만 하지 않을까. 현장 경험도 없으면서 이론으로만 지도하려 하지는 않을까. 자신들의 어려움, 절박함을 진정으로 이해하고 있는가 하는 의구심에서 나오는 당연한 질문이었다.

"저에 대한 의구심을 솔직하게 질문하셨군요. 아주 좋습니다. 내담자들은 처음 상담 선생님을 대면하면서 아래와 같은 의구심들을 가지면서도 지금 질문하신 분처럼 대놓고 물어보지 않거든요. 이야기가 길어집니다만 저도 산전수전 공중전까지 수많은 역경을 거쳐 보았지요. 여러분이 상상하기 어려운 역경도 경험했습니다. 다양한 직장 경험도 해보고 수많은 직장인들을 상담하면서 간접 경험도 많이 했습니다. 그 이야기는 다음에 하기로 하고, 그 외에도 컨설턴트들에게 다음과 같은 질문들을 한답니다.

» 선생님은 남성이신데 여성 심리를 잘 모르시지 않으세요?
» 선생님은 구조조정을 당해보지 않으셨는데 명퇴자 심리를 아시는지요?
» 선생님은 아직 연배가 저보다 한참 아래신데, 인생을 제대로 알고 상담을 하실 수 있으신지요?
» 선생님은 학력 핸디캡 때문에 직장생활에서 엄청나게 불리한 처우를 받아 온 저희들의 심정을 이해하실 수 있으신지요?

마치 암환자가 의사선생님께 '선생님은 암에 걸려 보시지 않으셨으니 저를 이해하지 못할 것입니다.' 하는 것과 같습니다. 상담사, 컨설턴트들이 모든 경험을 다 해 보아야 하는 것은 아닙니다.

유능한 커리어컨설턴트가 되는 길은 훌륭한 의사가 되는 것과 비슷합니다. 의사가 되려면 의과대학에서 학부 4년, 인턴, 레지던트 등을 거치면서 10년 이상의 경험과 학습을 거쳐야 됩니다. 지식과 스킬에 더하여 환자의 마음을 이해하고, 환자를 위하는 마음이 있어야 명의가 된다고 생각합니다. 의술도 필요하고 인술도 필요한 것이지요.

상담사가 모든 경험을 다 해 보아야만 되는 것은 아닙니다. 의사처럼 컨설턴트도 경험과 경력을 쌓아가면서 서로 학습도 하고, 상담 경험을 공유하고, 세미나도 참석하고, 자기보다 더 많은 경험자, 수퍼바이저들에게 지도를 받습니다.

유능한 커리어컨설턴트가 되려면,

» 커리어 이론과 각종 스킬을 학습하고,
» 직장생활과 사회생활 경험도 많이 하고,
» 사회변화에 대한 공부도 많이 해야 합니다.
» 절박한 상황에 처한 직장인의 심리를 이해하고 대응하는 인간애도 풍부해야 합니다.
» 상담 경험을 쌓아가면서 유능한 커리어컨설턴트가 되어 갑니다.
» 가장 중요한 것은 찾아오는 내담자의 입장에서 그 사람이 지금부터 30~40년 이상 행복한 인생을 살아가기 위한 진정한 어드바이스를 하려는 마음자세를 가지는 것입니다.

일본에서 매년 산업카운슬러 전국대회가 열리는데 저도 세 차례 참석한 경험이 있습니다. 1박 2일의 행사가 진행되는데 장소에 따라 참가자가 틀리지만, 2019년 나고야대회에는 직장상담전문가 2,000여 명이 참석했습니다. 그 전 동경대회 때는 3,000여 명의 상담 전문가가 참석하여 그 열기에 놀랐습니다. 이번 나고야대회의 첫날 특별강연 테마가 「지금부터 커리어 어드바이저의 역할과 활동」이었으며 그 후 분과토의에서도 심도있게 다루어졌습니다. 일본의 경우 커리어컨설턴트를 국가 자격증제도로 운용하고 있으며, 직장인들의 전직, 퇴직, 전업 등의 대응을 서두르고 있습니다. 사회인식도 높아가고 있습니다. 우리도 곧 그렇게 될 것 같습니다."

4   중년사춘기

며칠 전 사단법인 한국EAP협회 소속 베테랑 상담사로 20년 정도 상담경력이 있는 김영란 선생님과 차를 마실 기회가 있었다. 그때의 화두는 중년사춘기思春期였다.

"김선생님, 직장인들이 40대 중반에서 50대에 접어들 때가 인생의 하프타임입니다. 축구경기처럼 지금까지 전반기의 자신의 직장생활을 돌아보며, 현재 자신을 바라보며 남은 인생에 대해 무언가 변화를 생각하는 시기를 맞는 것이지요."

"맞아요. 최근에는 자신의 미래와 비전을 고민하는 직장인을 많이 상담하게 되었습니다. 그들은 아래와 같은 이야기들을 했습니다.

» 나는 누구인가요?
» 그동안 열심히 살았지만 앞으로는 지금 이대로 해서는 안 되겠어요.
» 힘들고 지치는데, 탈출구가 잘 안 보입니다.
» 언제까지 이렇게 직장생활을 계속해야 할까요?
» 직장생활을 계속하는 것만이 인생의 목표가 될 수 있나요?
» 직장생활 그만두면 그 다음은 무엇을 하면서 지내야 하지요?
» 지금부터 남은 인생, 삶의 의미는 무엇일까요?

위와 같은 질문들은 간단히 답하기 어려운 그들의 고민입니다."

"그래요 직장인들은 하프타임 시간이 되면 신변의 리스크를 포함한 피할 수 없는 변화를 맞습니다.

» 갑작스런 퇴직, 명예퇴직 통보, 어떻게 받아들이지?
» 정년퇴직이 다가오는데 무엇을 준비하지?
» 새로운 기회가 있는데 과감히 도전해 볼까?
» 이대로 주저앉을 것인가?

또 갑작스럽게 퇴직을 맞는 직장인들의 심리는,

» 아직 일을 더 할 수 있는데 벌써 직장을 나가야 해?
» 회사가 나한테 어떻게 그럴 수가 있지?
» 내가 명퇴 대상이라고? 내가 대체 왜? 내가 능력이 부족해서?
» 그럼 내가 지금 능력으로 어딜 갈 수 있을까?
» 가족들을 책임질 일이 막중한데 저금해 놓은 돈도 없고 큰일났다.
» 이 상황을 어떻게 설명하지?
» 미리 준비 좀 해 둘걸.
» 진작 그만두고 새 길을 찾았더라면…….

그러면서 우울감, 불안, 자책감, 때로는 분노를 느끼며 현재 자기 삶에 대해 회의를 하게 됩니다. 심각하게 변화를 모색하게 되고, 예기치 못한 실직으로 심한 우울감, 불안, 분노와 좌절감 등 정서적 혼란도 경험하게 됩니다. 자기가 처한 냉혹한 현실을 직면하고, 그 상황에서 작아지는 자기 모습을 발견하게 됩니다. 그때가 되어서야 비로소 새로운 돌파구를 모색하려 몸부림칩니다."

"정선생님, 남들을 20년 정도 상담해온 상담사인 저 역시 요즈음은 제가 언제까지 상담을 계속할 수 있을까, 변화를 모색해 볼까 하는 생각이 들 때도 있습니다."

"김선생님도 그런 느낌이 드시는군요. 많은 중견직장인들이 45세 이후가 되면 그런 깊은 성찰을 하면서 삶의 방향에 대해 고민을 합니다. 그때쯤 흰머리도 늘어가고, 몸도 예전 같지 않네라고 육체적 변화도 자각합니다. 지금까지와 다른 환경을 찾아 직장을 옮기기도 하고, 지금까지 살아온 삶을 돌아보게 됩니다. 여러 변화가 찾아오면서 정신적인 갈등도 하게 되는 시기지요. 중견직장인들이 삶 자체에 대해 고민을 시작하는 이 시기를 저는 중년사춘기中年思春期라고 부르고 있습니다."

"중년사춘기요? 하하, 아주 적절한 표현이십니다."

"사춘기는 심리적으로 민감한 시기여서 잘못 넘기면 비행 청소년이 되기도 하고, 그때의 충격이 평생 마음속에 트라우마로 남기도 합니다. 저와 자주 이야기를 나누는 오정화 심리학교수는 사춘기에 방황하는 청소년들, 그때를 잘못 넘겨 비행과 탈선으로 빠진 청소년을 많이 상담하였습니다. 오교수로부터 그들과의 상담 경험담을 들으며 사춘기의 심각성을 느낄 수 있었습니다.

중견직장인도 그와 다르지 않다고 생각합니다. 큰 충격과 변화기에 그들의 손을 잡아줄 상담이 필요합니다. 이때를 잘못 넘기면 후반기 인생을 크게 그르치고 고생을 하게 되지요. 이분들에게 가장 먼저 필요한 것은 그들을 이해하고 아픈 이야기를 들어주고, 공감해 주어 마음의 안정을 찾게 하는 심리 카운슬링입니다."

MBC방송(2019년 9월24일)에 의하면 일본에서는 은둔형 외톨이(히키코모리)가 120만 명이나 되는데, 그들 중 40세~64세 중년이 61만 명이라고 한다. 일본의 조사에 의하면 중년 은둔형 외톨이가 되는 이유는 퇴직, 직장 부적응, 취직의 어려움 등 일자리 문제가 60% 정도며, 인간관계, 질병이 40% 정도다. 우리나라의 공식통계는 없는 실정이지만 그 수가 30만 명으로 추계되어 대책이 필요하다는 보도였다.

조금 오래된 이야기지만 대우에 근무하던 시절, 친구였던 고차장은 동료의 전혀 예측하지 못했던 음해로 사직서를 쓰고 말았다. 내게도 하소연을 하며 복잡한 심경을 토로하였다. 회사생활에 회의를 느끼며, 음해를 가한 동료에게 심한 분노를 느낀다고 했다. 저자는 친구 이야기를 다 들어 주고는 "고차장, 힘들지? 고차장 같은 사람을 음해한 그 친구는 나중에 더 힘들어질거야. 그동안 오지에서 오랜 해외 주재원 생활로 심신이 피로하지. 아무 생각 말고 3달 정도 고차장이 좋아하는 낚시나 원 없이 하다 오면 어떨까? 분한 마음도 좀 가라앉을 것이고 좋은 아이디어도 떠오를 것이야. 취직을 하든 다른 것을 하든 그때 이야기하자고 했다.

친구 고차장이 힘들 때 저자를 찾아와 마음을 털어놓고 상담을 한 것은 돌이켜 생각해보니 아주 잘한 일이었다. 40대에 들어서, 심한 경쟁에 지치고 힘들어 고민하던 때에, 원하지 않던 변화가 찾아왔을 때 이렇게 상담을 받으면 중년사춘기를 슬기롭게 벗어 날 수 있다.

고차장은 석 달간 섬으로 바다낚시를 다녔다고 했다. 석 달 후 창업 아이디어를 가지고 저자에게 왔다.

"정형, 아시다시피 나는 학력 핸디캡이 커서 다시 어디에 재취업해도 일류대학을 나온 친구들과 경쟁에서 몇 년 후 또 밀릴거라는 생각이 들었어. 인생은 마라톤 같은데 나는 너무 단거리 승부에 집착해 온 것 같아. 그래서 이 기회에 창업을 하여 마라톤 같은 긴 승부를 겨루기로 했어."

고차장은 그러면서 본인이 생각한 사업 구상을 자세히 설명했다. 저자와 고차장은 사업이 성공할 수 있는 방법을 함께 상의했다. 저자가 도울 수 있는 부분도 많았다. 그렇게 해서 창업을 하고, 창업 초기 열심히 노력하여 점점 사업을 확장시켰다.

위와 같은 사례로 상담을 요청하는 직장인들에게, 중견이 되어 인생 그자체에 대해 심각하게 고민이 시작되는 중년사춘기를 맞는 직장인들에게 서둘러 재취업만을 알선하거나 어드바이스를 하기보다는, 마음을 치유하고 차분한 마음으로 자기 인생을 재설계하도록 돕는 것이 진정으로 클라이언트를 돕는 길이다.

긴 인생의 삶과 방향을 설정하게 도와주면서, 그들이 재취업, 전업, 창업 등 선택을 하도록 돕고, 그 선택의 성공을 위한 문제해결을 지원해야 한다.

중년사춘기를 슬기롭게 탈출하여 새로운 마음가짐으로 다음을 시작할 수가 있다.

"김영란 선생님, 제가 이번에 그런 분들을 상담하는 컨설턴트들이나 실직 등 위기에 봉착한 분들이 스스로 방향을 잡는데 도움이 되는 책을 한권 쓰려고 합니다. 현장 상담 경험이 풍부한 김선생님의 사례 한두 가지도 참고로 하고자 시간을 내 달라고 부탁드렸습니다."

"그런 좋은 책을 준비중이십니까. 저의 일천한 경험이 조금이나마 도움이 된다면 영광이겠습니다. 우선 생각 나는 사례 둘만 말씀드릴게요.

첫 번째 사례는 51세 경력 단절 여성이었는데요, 이분이 재취업에 성공하셨어요. 그 내담자는 음악분야를 좋아하여 음악대학에 진학하고 싶었으나 부모님의 강력한 권유로 음악대학 진학을 포기하고, 자기의 꿈을 일단 접어두고 부모님이 원하는 법대를 다녔다고 했습니다. 법대를 졸업했지만 도저히 적성에 맞지 않아 방황을 하다가 본인의 꿈을 찾아 전문 예술대 2년을 다시 다녔습니다. 그런데 전문대 출신으로 사회에 나와 이력서를 내밀어 보아도 취업이 잘 되지 않았습니다. 그러다보니 생활이 어려워져 우선 아이들 피아노 교습, 방과후교사를 하면서, 요양보호사, 사회복지사, 레크레이션 강사 등 많은 자격증을 땄습니다. 흔히 실직자들이 이것저것 자격증을 따는 그 모습을 따라한 것이지요. 그러나 그렇게 남들이 좋다고 하는 자격증을 취득은 하였으나 잘 활용이 안 되었습니다.

다시 알바를 전전하고 학생들 방과후교사도 하면서, 새로운 방향을 모색하던 때에 저를 소개받아 상담 신청을 해왔습니다. 제가 이 분과 7차례 상담을 했습니다. 한 번에 한 시간씩 상담을 했는데, 처음에는 너무 자신감을 상실한 상태의 어두운 표정으로 오셔서 저는 주로 이야기를 듣고 공감하는 시간을 많이 가졌습니다. 그러다가 차츰 자신이 이혼한 이야기, 신용불량자가 된 스토리 등 아픈 개인사를 다 털어놓기 시작했지요.

마음이 편해지자 저와 재취업에 관한 목표를 설정하기로 하였습니다. 재능도 살리면서, 사회복지사 자격증도 살리는 마땅한 곳을 같이 찾아보기로 우선 방향을 잡았습니다. 그렇게 함께 노력을 하던 중 노인들에게 음악치료도 하면서 레크레이션 시간도 맡아줄 수 있는 사회복지사를 찾는 노인요양 보호시설을 발견하여 재취업에 성공하였습니다. 지금은 아주 만족하면서 생활하고 있습니다."

"훌륭한 사례입니다. 상담 진행도 아주 교과서적으로 잘하셨네요.

역시 베테랑 상담사다운 면모가 보입니다."

"두 번째 사례는 대기업 고위 중역 출신의 새 출발 성공 상담 사례인데요, 이분은 퇴직하시고는 전에 근무하시던 회사에 대해 심한 배신감을 느끼고 계신 분이었습니다. 이야기를 들어보니 회사에 공로가 아주 크셨는데 갑자기 나가라고 하니 배신감을 느낄 만하였습니다. 퇴직하고 사회에 나오니 운전기사도 없어지고, 비서도 없고, 대기업 고위 중역으로 누렸던 모든 복지가 사라졌습니다. 그러다 보니 더욱 더 전 직장에 대한 배신감이 커졌다고 했습니다. 이야기를 들으면서 경제적으로는 여유가 많으시고, 높은 사회적 지위도 누렸고, 자녀들도 잘 자랐고, 그런 분이 무슨 걱정이 있을까 의아했습니다.

그래도 이야기를 잘 들어주면서 공감을 해 주었더니, 그동안 자기 이야기를 잘 들어주는 사람이 없었는데, 이렇게 이야기를 다 털어놓으니 너무 속시원하시다면서 좋아하셨습니다. 그러고는 '사실은 지금 대학병원 정신과에서 우울증 치료를 받고 있어요. 불면증으로 수면제 처방도 받았고……' 하고 그동안 마음에 담아 두었던 이야기까지 털어놓았습니다.

그분과 여섯 차례 상담을 하면서 경륜과 경험을 살리고 지역사회에 공헌할 수 있는 일을 찾는 방향으로 목표를 설정하고 상담이 진행되었습니다. 6차례 상담을 마치고, 며칠 후 전화가 왔습니다.

'김선생 그동안 고마웠어요. 이제 지난 일을 다 잊어버리고 고향인 부산으로 내려가 사회공헌사업을 하기로 했어요. 아, 참, 불면증이 사라져 약도 끊었고 더 이상 정신과 치료도 필요 없어졌어요. 다 김선생의 상담 덕분입니다.' 하셨습니다."

"역시 상담을 아주 잘 해주셨네요. 김영란 선생님의 사례를 듣다보니 벌써 시간이 이렇게 되었네요. 정말 시간 가는 줄 모르고 대화를 나누었습니다. 하하하."

퇴직자에게 우선 심리상담을 진행하면서 어느 정도 마음이 안정되어 이성적인 판단을 할 수 있는 단계에서 새로 시작할 일을 찾게 해준 아주 모범적인 상담 사례다.

저자가 최근에 상담한 사례가 있다.
일본기업 한국 현지법인 사장으로 50세 일본인의 라이프플랜 상담이다.
그 일본인 사장은 다음해 3월에 동남아시아로 가라는 본사의 인사통보를 받았는데 내일 모레 쉰살이고, 이렇게 해외로 떠돌이 직장생활을 계속해야 하는지, 새로운 변화를 모색해야 하지 않을까 걱정한다면서 상담을 의뢰해 왔다. 상담을 진행하면서 자기는 지금 눈앞의 발령만 가지고 고민하고 있는데, 직장생활 그 자체에 대해, 퇴직 후의 남은 인생에 대해 너무 생각을 하지 않았다는 것을 느꼈다고 했다. 이번 동남아 사장으로 가서는 퇴직 후의 인생 그림을 그리고, 해외비즈니스컨설턴트로 활동해야겠다고 목표를 설정했다. '이제부터 착실히 준비도 해 가겠다.'고 약속을 했다. 회사가 중심인 인생이 아니고, 자신이 중심인 인생 설계를 하여 다시 상담을 요청하겠다고 했다.

5 뜻대로 안 되는 직장생활

강의실에서 심각한 표정으로 경청을 하던 김부장, 자리에 앉자마자 보리차 한잔을 쭉 들이키더니 이야기를 시작한다.

"선생님, 안녕하십니까. 지난번 저희 회사에서 특강하신 「직장인의 라이프플랜」 강의 감명 깊게 들었습니다. 그 후 며칠간 저의 직장 생활에 대하여 곰곰히 생각하다가 상담 왔습니다. 중소 벤처기업에서 정말 밤새워 가며 열심히 일하여 그 기업이 상장까지 하고, 성장도 지속하면 직원 모두 해피해야 하지 않아요?"

"그렇지요, 모두 고생 많이 하셨으니, 보람도 느끼셔야지요."

"그렇지요, 선생님. 그런데 선생님 저는 요즈음 전혀 해피하지 않아요."

"해피하지 않으세요? 힘든 문제가 있으시군요."

"예, 정말 어렵습니다. 사업 초창기에는 사장님과 저를 포함해서 소수의 인원으로 개발을 시작했어요. 몇 년을 고생고생하다가 좋은 제품이 나오면서 회사가 점점 커졌어요. 보람도 느꼈고 희망에 차 있었습니다. 사업 초기에는 벤처기업이라 사람 뽑기도 어려웠는데, 회사가 성장을 지속하고, 사세가 확장되면서 직원도 늘어가고,

아주 우수한 직원도 뽑을 수 있게 되었어요."

"정말 신바람이 나셨겠어요."

"그랬습니다. 야근, 철야도 마다하지 않고 신나게 일했습니다."

"회사가 커가고 조직이 확대되면서 저의 제품개발부에도 미국에서 박사학위를 취득한 이과장이 새로 들어왔습니다. 우리 부서에도 드디어 아주 우수한 사원을 채용하게 되어 아주 기뻤습니다. 그런데 몇 개월 지나니 언젠가부터 회의를 하면 사장님이 이과장에게만 의견을 묻기 시작하는 것입니다. 제가 뭐라고 이야기하면, 공개적으로 핀잔을 주거나 무시하는 경우가 많아졌습니다. 부하들 앞에서 체면도 안 서고, 그러다 보니 이 과장도 저를 무시하기 시작하는 것입니다."

"그러시군요 사장님에 대해서 서운한 마음이 많으시겠습니다."

"그랬습니다. 너무나 서운하고 화가 났습니다. 그런데 말입니다. 서운함과 때로 초라함을 느끼던 제가 곰곰히 생각해보니 회사는 더 고도의 기술 개발력을 필요로 하는데, 지금 제 실력으로 조금 한계가 있지 않나 하는 느낌이 들기 시작했습니다. 회사는 필요한 능력만 원할 뿐이고, 능력개발은 자기책임이라는 것을 뼈저리게 느끼고 후회하고 있습니다."

"김부장께서는 지금 단계에서 이 회사에서 요구하는 능력에 한계를 느끼고, 그렇다고 이 회사 안에서 해결 방법은 보이지 않고, 이대로는 안되겠다 그렇게 느끼시는 것이군요."

"예. 그렇습니다. 그렇다고 지금 유학 가서 박사학위를 받을 수는 없고, 다른 방법이 없을까? 그렇게 고민을 하다보니 새벽녘까지 잠을 못 자는 날이 많아지기 시작했습니다. 사실은 아무에게도 이야기 하지 못하고 정신과에서 불면증 치료까지 받고 있어요. 회사가 알면 인사상 불리한 처우를 받을까 걱정되어 말도 못 하고, 몇 개월을 이렇게 잠을 못 자다 보니 체중도 줄고, 무기력감이 몰려와 견딜 수가 없습니다."

"불면증으로 정신과 치료까지 받으시는군요."

"선생님 강의를 들으면서 제 인생에서 이 회사는 어떤 의미가 있지? 계속 이대로 다녀야 하나, 하는 생각을 하게 되었습니다. 아직 젊은 제가 이 시점에서 저를 다시 한번 돌아보고, 변화를 구해야 할 것 같다는 생각이 들었습니다."

"그렇군요. 변화를 모색해야하겠어요."

"예, 지금 가만히 생각해 보니 제가 지금 이 회사 안에서만 저의 문제를 해결하려고 저 혼자만 끙끙 앓고 있었습니다."

"그러시군요. 무언가 변화를 해야겠다고 생각하시는군요. 좋은 생각이십니다."

"예, 무언가 바꾸어야지 이대로 계속 가다가는 죽을 것 같습니다."

"좋은 생각입니다. 50세 전후에 인생을 중간 점검하고, 그 후의 인생을 위해 준비하거나, 새로운 변화를 모색하신 분들은 60세 이후도 활기찬 인생을 살아가는데, 안일하게 회사에서 버티다가 50세 후반에 회사생활을 끝낸 사람들은 퇴직과 동시에 허탈감, 무력감 등으로 크게 힘들어합니다. 더욱이 건강을 잃으면 바로 퇴출되고, 다른 곳에 취업도 어렵습니다."

"정말 그런 것 같습니다. 지금부터 저도 인생 후반기 설계를 다시하여, 새로운 시작을 선택하면 좋을 것 같아요."

"김부장님, 잘 생각하셨어요. 위기는 기회입니다. 찬찬히 생각해 보면서 앞으로의 라이프플랜도 다시 세워보기로 합시다."

"알겠습니다. 선생님 제가 너무 회사만 원망하고, 회사 안에서만 저의 문제 해결을 생각해 온 것 같아요. 말씀하신 내용 하나하나 곰곰히 생각해보고 다시 선생님을 찾아뵈어야겠어요."

한 달 정도 지나서 김부장에게서 전화가 왔다.

"선생님, 지난번 상담 감사했습니다. 그간 한 달 동안 저를 원점에서 다시 한번 생각해 보고 집사람과도 여러 번 상의하였습니다. 선생님 지금 저에게 가장 중요한 것은 건강 회복이고 따라서 현재의 스트레스 상황에서 하루 일찍 벗어나는 것이 가장 중요하다는 결론에 도달했습니다. 조만간 사표를 쓰겠습니다. 조금 쉬고나서 선생님께 전직관련 상담을 드리러 찾아 뵙겠습니다."

직장생활 정말 뜻대로 되지 않아요

저자의 경험이다. 군대 제대하고, 일본과 기술제휴한 자동차 부품용 주물 제조회사 수출부에서 1년간 근무하다가 당시 전세계 시장으로 수출이 급성장하던 대우에 입사하여 조금 더 넓은 세계에서 경험을 쌓기로 마음먹고, 당시 급성장하던 대우그룹의 금속 수출부 부장님과 사전 면담까지 마치고, 공채 응모 절차를 밟고 신입사원 입사 연수를 마쳤다. 그리고 인사부 직원을 따라 부서 배치 안내를 받았다. 그런데 금속 수출부가 아닌 다른 부서로 안내를 하는 것이었다. 인사부로 가서 착오일 것이라고 금속 수출부로 변경해 달라고 착오정정을 강하게 요청했다.

　　인사부 과장이 저자를 불러 "구매부 담당 본부장이 신입사원 명단을 보자고 하시더니 일본어를 잘한다는 자네를 이 부서로 지명하셔서 어쩔 수가 없었어. 그 본부장님은 회장님과 친한 실세 중역이셔서 우리도 어쩔 수 없어. 이해하고 따라주든가 싫으면 그만두든지 해요." 했다.

　　입사하자말자 사표를 쓸 수도 없고, 난감했다. 할 수 없어 일단 일을 하고 다음 기회를 노려 보기로 했다.

　　그리고 열심히 일하던 몇 년 후 미국 MBA연수 대상자를 사내에서 선정하는데 저자에게 기회가 찾아왔고, 너무 기뻐 열심히 준비를 했다. 그런데 출발이 가까워진 어느날 갑자기 미국 MBA연수 대상자가 정부 고위층의 청탁으로 다른 사원으로 바뀌었다고 했다. 그 대신 일본 오사카 주재원으로 가라는 인사 명령을 받았다. 그렇게 오사카 주재원 4년 생활을 마치고 귀국명령을 기다리던 중에 이번에는 동경 법인에 대형 비즈니스 사고가 발생하여 그 수습을 담당하라는 갑작스런 명령을 받고 그 다음 날 바로 동경으로 출근하게 되었다. 이사 준비, 아이들 유치원과 학교 전학 등 모든 일을 아내에게 다 일임하고, 동경에서 호텔 생활을 하면서 긴급 사태 수습에 투입되었다.

　　입사 때도 그렇고 미국 MBA도 그렇고, 오사카 발령과 동경 발령 등 '직장인으로서 내 운명은 내 의지와는 상관 없이 상사들의 결정에 따라 회사의 필요성에 따라 움직이는구나.' 하는 생각이 들었다. 저자가 장기판의 졸이 된 기분이었다. 지금 생각해보면 장기판의 졸이 맞지만.

　　그렇게 시작한 일본주재원 생활 7년을 마치고, 본사 수출부장으로 귀임하여 세계를 누비던 부장 3년차 되던 해에 다시 일본 발령을 받았다. 아이들 교육문제도 걸리고, 그렇다고 일본 가서 6~7년간 독신 생활하기도 힘들고, '내 인생의 주인공은 분명 나인데 왜 내가 내 인생의 주연으로 살지 못하나', 하루종일 고민하다가 다음날 사표를 쓰고 말았다. 직장인의 장래는 자기 의사와 관계 없이 바뀐다.

　최근에는 불안안 장래를 고민하는 직장인들의 커리어상담이 부쩍 늘어나는 추세다. 직장에서 장래가 보장되지 않아서 일어나는 현상이다.

　직장인 교육을 하는 후배 한 사람이 저자에게 "선배님 직업군인들 중 장교들은 계급 정년제가 있는데요, 예를 들면 소위나 중위 대위까지 갔는데 소령진급이 안 되어 몇 년이 지나면 군복을 벗어야 하는데 그 계급정년 나이가 43세입니다. 그 젊은 나이에 20여 년간 해온 군 생활을 그만두고 사회에 나오면 무엇을 하지요?"

　43세 젊은 나이에 계급정년에 걸려 지금까지의 생활과는 전혀 다른 새로운 선택의 길로 내몰리는 직업군인의 수가 매년 엄청나게 많다며 그들에게 어떤 교육이 필요하고, 어떻게 상담해야 할지 물어왔다.

　대부분의 직장인들은 자기가 원하는 직장생활을 하기 어렵다. 직장생활 뜻대로 안 된다.

6   착각에서 탈출하라

직장생활 20~30년 하다보면 알게 모르게 직장의 논리와 틀 속에 빠져있다. 그 틀 속에서 몸에 밴 착각에서 벗어나야 한다. 그래야 새로운 길을 찾을 수 있는 마음이 생기고 시야가 트인다.

"박이사, 차 한 잔 합시다."

박이사는 사장님으로부터 직접 전화를 받았다. 박이사는 그동안 회사가 합병되면서 인사담당 부장으로 회사의 방침에 따라 구조조정의 악역을 맡았고 그 공로로 작년에는 이사로 승진하였다. 회사에서 부장시절 박이사는 저승사자라는 별명으로 불렸다. 박부장의 전화를 받으면 십중팔구 명예퇴직 대상자 결정 통지문을 받기 때문이다.

직원들의 차가운 시선, 시선조차 마주치지 않으려는 동료들의 분위기를 느끼면서도 일단 회사가 잘 되어야 모두가 행복해진다는 생각에 '회사 직분에 충실 할 수밖에 없어', 하고 자기위안하며 묵묵히 맡은 일을 수행해 온 박이사였다.

"박이사, 그동안 수고 많았습니다. 이제 구조조정도 대체로 마무리되어 회사가 어느 정도 안정이 되어 갑니다. 모두 박이사가 열심히 해준 덕분입니다.

그런데 박이사, 주변에서 박이사의 평판이 너무 나빠요. 투서도 많이 들어오고, 저도 웬만하면 그 동안의 공로를 참작하여 그냥 넘어가려 하는데 하도 주위에서 말이 많아서."

"사장님, 지금 저더러 나가라는 말씀입니까?"

"그러니까 저도 그 공로는 충분히 알고 있지만 주위의 평판이 너무 안좋아서, 그대신 퇴직 위로금은 많이 반영하도록 하겠습니다."

"'빌어먹을 토사구팽이구나. 나는 아니겠지, 했는데, 아무 생각이 안 나네, 그래도 자존심이 있지. 이 마당에 구질구질하게 매달릴 수 없지.'

알겠습니다. 그만두지요."

착각 1 최선을 다해 열심히 일만 하면 장래가 보장된다?

박이사가 구조조정에 반대하며 주위에 평판을 좋게 했더라면 어떻게 되었을까?

그렇게 박이사는 회사를 떠나게 되었는데 회사 내에서 그 누구도 술 한잔 하자든가 위로의 말 한마디 건네는 사람이 없다. 너무도 섭섭했다. 박이사는 뒤늦게 후회했다.

'그때 구조조정 대상자들을 위한 재취업 교육을 도입하거나 위로의 말 한마디라도 따뜻하게 할걸, 나를 위한 공부도 하고, 친구도 만들고, 그렇게 준비나 할걸.'

박이사는 그렇게 갑자기 그만두니 어디서 무엇을 시작해야 할지 답답했다. 우선 밖으로 나가기가 힘들었다. 남들은 다 출근하는 시간에 나가도 갈데가 없고, 늦게 나가자니 실업자라는 자격지심에 엘리베이터에서 누구 만날까봐 두렵고, 그렇게 며칠은 집에 있다가 '에이 여행이라도 다녀오자.' 하고 배낭 메고 산으로 섬으로 다녀보았는데 언제까지 그럴 수도 없고, 또 혼자 다니니 재미도 없었다. 이제부터 어떻게 하지?

착각 2 내 실력에 어디든지 취업이 되겠지!

박이사는 '그래도 내 실력에 이력서 넣으면 어디든지 되겠지', 하는 자신감이 들기도 해서 여러 군데 이력서를 제출했다. 그런데 몇 개월이 지나도 면접 보자는 곳이 없었다. 점점 자신감이 사라지고 자괴감이 몰려온다.

'이럴 줄 알았으면 미리 퇴직 후를 준비해 둘걸. 회사에서 열심히 잘하면 그저 인생이 잘 될 줄만 알았지.'

회사에서 쌓아온 능력은 그 회사가 필요로 하는 능력이다. 자신의 능력이 다른 곳에 가도 얼마나 통하는 능력인지 검증을 해보지 않는 것이 일반적이다. 실무에서 멀어진 지 오래된 고급관리자들일수록 자기 실력의 의미가 무엇인가를 잘 모른다. 그동안 회사에서 쌓아온 실력은 조직의 힘으로 발휘된 것이었는데, 그게 자기 실력이었다고 착각하는 직장인이 많다.

저자가 중견직장인 강의를 하면서 시도해 본 일이다.

"여러분 이제 갑작스런 퇴직을 당했다고 가정하고, 자기를 한번 팔아보세요. '저는 이러이러한 능력, 기술이 있습니다. 따라서 이런 부문에서 이런 일을 할 수 있습니다. 제가 귀사에 취업하면 이러이러한 경험을 살려 이렇게 공헌을 할 수 있습니다. 저의 희망 연봉은 ○○입니다.' 라고 해 보세요."

대부분 많이 당황해한다. 평소 자신을 객관적으로 분석해 본 경험이 없기 때문이다. 학력, 경력회사, 경험부서를 나열한 이력서를 제출하고, 무엇이든지 시켜만주시면 열심히 하겠다는 의지만 있으면 될 것이라고 생각한다. 낙제점이다.

착각 3 회사를 위해서 일한다?

일을 하는 과정에서 경험과 경력이 쌓인다. 그 경력과 경험으로 회사에 공헌한 것은 맞지만 그 경력과 경험은 결국 자기에게 남는 것이다. 회사를 위해 일한다고 하지만 결국은 자기를 위해 일 한 것이다.

저자는 대우그룹에서 일본 지사원으로 7년간 근무했고, 수출부 부장으로 전세계를 누볐다. 당시는 회사를 위해 몸과 마음을 다 바쳤다고 생각했다. 그런데 회사를 퇴직하고 나니 그때 풍부한 해외 비즈니스 경험 덕분에 그 후 여러 사업을 잘 할 수 있었다. 결과는 본인을 위해 일한 것이다.

직장생활을 하면서 좀 더 적극적으로 폭넓게 활동하면서 자기개발을 한 사람과 주어진 일만 꼬박꼬박 수행하고 직장생활에 만족하며 안주한 사람은 퇴직 후 크게 차이가 날 것이다. 직장생활을 하면서 많은 사람을 만나고, 사내외 인맥을 구축하고 하면 그것은 즉 자신을 위한 투자인데 그것을 모르고 지내는 것이다.

착각 4 회사가 능력을 키워 준다?

회사는 필요한만큼 교육시키고 필요한 능력을 발휘할 기회를 마련해 준다. 그 이상은 없다. 그 이외의 능력은 자신이 따로 개발해야 한다. 회사는 직원들의 퇴직 후를 걱정하여 교육을 시키지도 않는다. 퇴직 후를 위한 준비도 자신이 해야 한다. 건강을 잃어도 밀려나게 된다. 평소 건강관리는 자기 책임인 것과 같다. 장래가 불안한 직장인들, 퇴직을 앞둔 직장인들 스스로 해결하지 않으면 안 된다. 설렁설렁 준비해서도 안 된다.

고등학교 3년을 밤 잠 못 자고 공부하여 그 결과로 대학을 결정했고, 대학 4년의 생활 중 많은 준비 여하에 따라 그 후 직장진로가 결정된다.

그렇게 힘들게 준비하여 시작한 직장생활이 25년, 이제 나이 50이면 100세시대 겨우 반을 온 것이다. 앞으로는 최소한 75세까지 무언가 해야 한다. 다른 25년을 준비하는데 대충대충 해서 되겠는가.

자녀들에게는 열심히 공부하여 좋은 직장 가지라고 야단 치면서 자신에게 닥쳐올 25년을 위해서는 무엇을 준비하고 있나?

착각 5 정년까지 직장에서 버티자?

일반기업에서 정년은 거의 대부분 의미가 없는 제도다. 요즈음 직장인들에게 정년때까지 근무할 수 있을 가능성에 대해 물어보면 대부분은 회의적이다. 50이 넘으면 여러 방법으로 내보내려고 한다. 그런데 막상 그런 입장이 되면 버티기도 힘들다. 더욱이 국내에는 기존산업에서의 일자리는 점점 사라진다. 요즈음 4차산업혁명이 진행되면서 산업의 구조와 틀이 크게 바뀌고, 새로운 산업분야가 떠오르고, 기존산업분야가 사라지고 쇠퇴하는 현상을 쉽게 볼 수 있다. 매스컴이나, 연구자료들은 ○○○업이 미래에 유망하고, ○○○업이 사라진다고 떠든다. 대기업들은 해외 투자를 늘린다. 기업이 해외로 나가면, 납품하는 주 하청업체들도 함께 해외로 나간다. 국내 인건비 상승, 과격한 노조, 주 52시간제 강화, 각종 규제들을 피하여 나가는 것이지만 국내 고용환경에는 치명적이다.

이런 변화 속에서 기업이 모든 사원을 정년까지 품고 가는 것은 불가능하다. 정년까지 기업에서 버티는 것은 아주 어려운 일이다.

착각 6 직장에서 잘 버티면 인생이 행복하다?

    60세까지 직장생활 잘하고 정년 퇴직을 맞으면 그 다음은? 그 후 최소 15-20년간은 건강하게 활동할 수 있는 기간이 기다린다. 그후 또 20년의 노후생활이 더 기다린다. 즉 60세 정년이 인생의 끝도 아니고 답도 아니다. 정년 후 여행 가고, 산에 가고, 그것도 잠시다.

    많은 직장인들의 경우 정년을 맞아도 아직 더 경제활동을 해야 하는 경우가 많다. 노후 보장이 안 되어 있는 사람도 많지만 돈의 문제, 경제적인 문제 때문만은 아니다. 정년 퇴직하고 그 후의 긴 세월을 어떻게 놀기만 할 수 있을까?

    이제는 평생의 업, 평생 할일을 찾으려 노력해야 한다.

7   커리어컨설팅 프로세스

미국 NCDA(National Career Development Association)회장을 역임한 슐로스버그(Nancy K. Schlossberg, 1929) 박사는 인생의 중요한 전환기Transition에 대하여 다음과 같이 분류할 수 있다고 했다.

» 기대했던 일이 실제로 일어난 경우 즉 결혼, 승진, 육아 등
» 기대했던 일이 실제로 일어나지 않는 경우 즉 승진누락, 결혼 못함 등
» 예상하지 못한 일이 일어난 경우 즉 사고, 기업도산, 해고, 가족사망, 기타와 같이 인생의 기대 측면에서

중견직장인들이 위와 같이 인생의 전환기를 맞는다. 그런 직장인들이 상담실의 문을 노크하면 아래와 같은 순서대로 진행한다.

1) 먼저 심리상담을 하여 불안한 마음을 다스리고 새로운 출발의 마음자세를 갖도록 해준다.
2) 자기발견/ 자기이해를 돕기 위해 상담과 필요한 진단을 한다.
3) 생애설계와 방향설정New Start , New Life을 하도록 돕는다.
4) 현재 직장에서 더 오래 근무를 목표로 설정한 경우에는 현재 직장에서 해야 할 커리어개발, 경력개발에 대한 계획을 세우고 그 실천방안을 지도한다.
5) 전직·재취업을 해야 하는 사람들에게는 전직·재취업 성공법을 지도한다. 전직·재취업 분야설전, 타겟 기업 탐색, 경력서, 이력서 자기소개서

작성법, 면접 요령 등을 지도한다.
6) 타겟 분야는 정하였는데, 지금은 능력이나 경험이 부족하여 바로 원하는 분야로 가기 어려운 경우, 중간단계Bridge 활용법을 지도한다.
7) 창업, 창직, 귀농 등 새로운 길을 선택하는 사람들에게는 그 분야별 기초 지식과 교육정보, 지원기관 등의 정보를 제공한다.
8) 성공 재출발을 위한 자세와 성공 사례에서 힌트를 배우도록 지도한다.

② New Start를 위한 자기발견

Career Consulting Process / Employee Assistant Program

기로의 4050, 변화의 탐색

자기발견
- 상황분석 (고용환경, 사회변화, 나이, 재무상황, 가족 상황, 건강)
- 가치분석 (능력, 경력, 업적, 전문성, 자격증, 직업역량, 발전성 등)
- 특성분석 (직업적성, 성격특성, 생활사, 가치관, 커리어앵커)

선택 New Start, New Life

S → 브릿지 Bridge
A / B / C / D

전직·재취업
1. 동일업종, 이업종
2. 동일직종, 이직종
3. 중소기업 벤처기업
4. 해외취업, 기타

E →

탈샐러리맨, 새로운 길
1. 창업, 창직
2. 귀농, 귀어, 귀촌
3. 사회적기업, 해외취업
4. 사회봉사의 길, 은퇴

Target 분야 설정, 기업 탐색
구직활동 방법
이력서, 경력서, 면접
새 출발의 성공자세

각 분야 기본지식과 정보
전문 지원기관, 교육기관
성공 사례 학습
사전준비와 성공포인트

4050, New Start 성공을 향하여

1   Life Plan과 New Start를 위한 전제조건

회사에서는 사업계획을 수립하고 그 계획에 따라 전략과 세부목표를 세우고, 그 달성정도를 점검하고, 평가한다. 인생도 마찬가지다. 지금까지의 자신의 직장생활과 삶을 돌이켜보고, 후반기 직장생활, 삶의 방향 등 전략을 구상해야 한다. 구체적인 목표를 설정하고 달성여부를 점검해야 한다. 기업전략 수립과 대비해 가면서 자신의 후반기 전략수립을 위한 요소를 점검해 보자.

첫째, 남은 인생 50년을 어떤 가치로, 어떤 모습으로 살아갈지를 정해 보라. 기업이 비전이나 미션 등 그 존재이유와 추구가치를 설정한다. 그처럼, 추구하는 가치도 확립해야 한다. 돈만 추구하거나, 오래 살기만 추구한다? 눈 감을 때 어떤 모습으로 평가받았으면 좋을지 생각해 보라. 그것에 따라 남은 인생의 추구가치를 설정해야 할 것이다.

둘째, 인생의 중장기계획과 년도계획을 세워 보라. 기업에서 하듯이 60대, 70대, 80대, 90대 각각 어떤 모습으로 무엇을 하며 지낼까를 생각해보고 인생계획을 세워야 하겠다. 하루하루 앞만 보고 살 수는 없다.

셋째, 환경을 분석해 보라. 경기분석, 경쟁환경 등을 분석한다. 기업이 환경에 큰 영향을 받는 것처럼 사회변화, 회사상황, 고용환경, 나이, 재무상황, 가족상황, 건강 등 환경의 영향을 크게 받는다. 환경분석 없는 계획은 의미가 없다.

넷째, 자신의 가치를 분석해 보라. 현재 기업의 제품, 기술력, 설비,

인적자산, 브랜드 파워 등이 기업가치를 나타낸다. 개인도 보유능력, 경력, 업적, 전문성, 자격증, 직업역량, 발전성 등이 가치를 나타낸다.

다섯째, 자신의 강점, 자신이 잘할 수 있는 분야를 찾아보라. 기업은 조직력, 사풍을 중시한다. 조직원들의 의욕이 높은가, 매너리즘에 빠져 있지는 않은가, 효율적으로 일할 수 있는 시스템이 갖추어져 있는가 여부는 사업추진에 중요 요소다. 기업별로 사풍이 다르듯이 개인은 각자의 직업적성, 성격특성, 생활사, 가치관, 커리어앵커가 다르다. 개인의 특성은 자신도 어느 정도 알고 있지만 객관적인 평가는 진단, 상담 등을 통해서 더 정확히 알 수 있다.

나폴레옹 힐의 저서 『당신 안의 기적을 깨워라You can work your own miracles』에서 "성공의 비밀은 이미 당신 안에 있다. 우리에게 남겨진 것은 일은 자신의 내면에서 그것을 발견하는 것이다."라고 했습니다.

우리는 누구나 성공할 수 있는 능력과 소질이 있다. 단지 그것을 발굴하지 않고 지내왔거나 오랜 직장 생활을 하는 사이에 길들여져 이제는 그것을 발굴하려는 시도조차 하지 않기 때문일지도 모른다.

다음은 저자 친구가 자신이 미처 몰랐던 내면의 능력을 발견한 사례다. 그 친구는 회사의 경영악화로 퇴직 후, 전업을 하면서 지금까지 미처 몰랐던 자신의 능력을 발휘하게 되고, 성공적인 후반기 인생을 살고 있다. 직장생활만 하다 보니 미처 모르고 지냈던 자신의 능력을 보험업을 하면서 발견한 케이스다.

친구는 술도 잘 마시고, 등산도 좋아했다. 평소에 친구들과 잘 어울리다 보니 주변에 사업을 크게 하여 경제적 능력도 있으면서 놀기를 좋아하는 친구가 많았다. 그 친구는 퇴직을 당하여 보험 쪽으로 전업을 했다. 보험업은 인맥이 최대의 재산이고, 친화력이 강점이 되는 분야다. 보험 영업으로 전업한 그 친구는 특유의 친화력과 인맥을 통한 영업력이 베이스가 되어 기업연금보험 유치 등으로 실적을 크게 올렸다. 지금은 수입도 좋고, 아주 잘 지내고 있다.

　오랜 직장생활에 세상의 변화를 모르고 살거나 자신의 숨겨진 능력을 발굴하려는 시도조차 하지 않는 경우가 많다.

　영화「쇼생크탈출」에서 수십 년을 수감생활하던 죄수가 가석방을 받아 세상에 나오니 모든 것이 너무 변했고, 적응하기 어려워 자살하는 장면이 나온다. 오랜 직장생활에 젖어 자신도 모르는 사이에 조직에 길들여져 세상의 변화에 둔감하게 되고 세상변화에 적응력을 상실하는 경우도 마찬가지다. 특히 대기업이나 공직생활을 오래한 직장인들은 세상 물정에 둔감하기 쉽다. 그래서 그들이 퇴직을 하고 나와서 창업을 하면 실패하는 사례를 자주 볼 수 있다.

　반대로 자신을 잘 몰라 곤란했던 다른 사례도 있다.

　저자가 고문을 맡았던 한 회사에서 영업팀장이 갑자기 퇴직하여 공석이 되었다. 그러자 관리팀의 중견간부가 영업팀장을 맡아보겠다고 하였고, 회사에서는 저자와 상담을 해보라고 했다. 평소의 업무스타일이나, 외모, 언행으로 보면 대인영업에는 맞지 않을 것 같은 같았다. 주어진 일을 충실히 수행하고, 분석력이 강한 장점이 있으나, 고지식한 스타일로 희노애락이 금방 얼굴에 나타나는 등의 개성이 있어 거래선과의 협상에도 불리해 보였다. 저자는 커리어상담을 하면서 영업부문에서 일하고 싶다면 대인영업이 상대적으로 적은 On-Line 영업, 쇼핑몰 운영, 영업관리부문 등을 맡아보도록 조언했다. 그런데도 정작 본인은 이 회사에 오기 전 영업을 해본 경력이 풍부하다며 공석인 영업팀장자리를 간절히 원하는 바람에, 회사는 일단 단기간 맡겨보기로 했다. 6개월 정도 지나자 거래선에서 컴플레인이 들어오고, 직원과의 마찰도 발생하는 등의 취약함이 드러나 결국 중도하차해야 했다. 타인이 보면 바로보이는 본인의 면모를 정작 본인은 전혀 달리 이해하고 착각하고 있었던 것이다.

자신을 안다는 것이 중요하다는걸 알면서도 자신을 알기는 어렵다. 그래서 소크라테스의 "너 자신을 알라"라는 명언이 오래도록 공감을 받는 것이다. 이제 후반기 라이프플랜을 수립하면서, 조금더 세밀히 자신을 분석해 보아야 한다.

이제부터 자신을 분석하여 지금까지 몰랐던 자기, 지금까지 숨겨져 있던 자신의 능력, 자신의 바램, 그리고 욕구를 발견해 보라. 자신의 능력, 가치 그리고 바램을 바탕으로 남은 회사생활을 계속하거나, 걸맞게 전직, 전업을 계획하면 성공의 확률이 높고, 만족도가 높아진다.

2 자기발견은 자기Open으로부터

　자기가 미처 몰랐던 자기발견은 자기 이야기를 컨설턴트나 상담을 해줄 수 있는 선배, 동료에게 솔직하게 털어놓는 것에서 시작된다.
　진찰을 받으러 가면 의사한테 여러 질문을 받게 되는데 그때 솔직하게 의사에게 증상을 다 이야기하고, 의사의 질문에 답을 바로 해야 바른 처방을 받을 수 있다. 커리어컨설턴트에게 상담을 받을 때도 마찬가지다. 가능하면 자기의 모든 이야기를 해야 한다. 자기 이야기를 다 털어내는 과정에서, 스스로 문제를 해결하는 경우도 많다.
　칼 로저스의「인간중심 상담이론」은 칼 로저스가 내담자가 하는 자기 이야기, 자기 하소연을 주로 경청했는데, 즉 특별한 해법을 지시하지 않았는데, 내담자 스스로 자기 문제를 해결했다고 감사의 인사를 해온 사례에서 출발했다.
　상담중 자기를 오픈하고, 자기도 몰랐던 자기를 발견하여 문제를 해결한 사례다. 저자에게 어느 중소기업의 사장께서 하소연을 했다. 회사 여성 영업팀장이 능력은 출중한데 남성팀장들과 마찰이 잦아 문제가 심각했다고 했다. 여러 번 대화를 해보아도 해결이 되지 않으니 그 여성팀장을 상담해 달라고 했다.
　여성팀장과 상담을 해보니 그 팀장은 오히려 자기회사 남자직원들이 문제가 많다고 불만이 대단했다. 남자직원들의 어떤 점이 부당한지 이야기를 들어주고 공감하면서 화제를 자라온 환경 쪽으로 돌렸다.

여성팀장은 가족 이야기를 하던 중 자신이 고등학교 2학년 때 아버지와 어머니의 잦은 부부싸움과 이혼과정을 목격하고 큰 충격을 받았다고 털어놓았다. 어머니와 둘이 살기 시작한 여성팀장은 아버지가 너무너무 미웠다고 했다. 아버지가 이야기를 하면서 도중에 눈물을 막 흘렸다.

"죄송합니다. 제가 고교시절 아버지와 헤어지고 어머니와 살면서 불우했던 생활이 생각나서 그만 저도 모르게……."

"이팀장, 죄송하지만 결혼은 하셨는지요?"

"아닙니다. 몇 번 선을 보기는 했는데 마음에 드는 사람이 없어 이제 선보는 것도 포기하고 독신으로 지내고 있어요."

"어머니와 함께 고생하고 사셨는데 어머니는 혹시 재혼을 하셨는지요?"

"아닙니다. 어머니는 남자라면 진절머리가 난다고 하셨습니다."

"그러시군요. 어머니가 아버지에 대해 증오와 미움의 이야기하는 것을 자주 들었겠어요."

"예, 어머니께서 자주 '너도 저런 인간 만나서 고생할까 걱정이다.' 하곤 했습니다. 그래서 저도 더욱 아버지를 증오하게 되었습니다."

(……)

"선생님, 혹시 제가 아버지라는 남성에 대한 미움과 증오가 남자를 멀리하고 남자팀장들을 무의식적으로 싫어하게 된 것은 아닐까요?"

여성팀장이 자기 마음속 깊은 곳에 자리잡았던 아버지에 대한 증오, 마음 깊이 숨겨져 있어 평소에는 인식을 못하던 남성에 대한 편견을 알아차린 순간이었다. 그렇게 자신의 이야기를 털어놓지 않았으면 오랫동안 고생하였을 터인데, 자신을 오픈하면서 내면 깊숙이 숨어있던 자신의 편견을 발견하면서 문제 해결의 길이 열렸다.

나와 타인의 관계에 있어서 서로의 심리상태를 보여주는 심리학이론에서 나오는 이야기로, 사람의 마음을 창문으로 비유한 「조하리의 창 Johari's window 이론」이 있다.

인간관계나, 커뮤니케이션을 이야기할 때 자주 인용되는 사례다.

	자기는 알고 있다	자기가 모르고 있다
남이 알고 있다	개방 영역 Open Area	보이지 않는 영역 Blind Area
남은 모른다	숨겨진 영역 Hidden Area	미지의 영역 Unknown Area

1. 나도 알고 남도 아는 것을 **열린 창(개방 영역)**이라 한다. 제가 평소 쾌활하다는 것은 저도 알고 남도 아는 것과 같다
2. 나는 고민이 있는데 그 고민을 남에게 이야기하지 않으면 그것은 나는 아는데 남은 모르는 **숨겨진 창(숨겨진 영역)**이라고 한다.
3. 다른 사람은 뒤에서 내 성질이 나쁘다고 수군대는데 정작 나는 그것을

모르고 있으면 그런 영역을 **보이지 않는 창(보이지 않는 영역)**이라고 한다.
4. 자신도 모르고 있는데 남도 모르는 나의 영역을 **미지의 창(미지의 영역)**이라고 한다.

앞에서 이야기한 여자팀장의 이야기, 아버지에 대한 증오와 미움이 문제였다는 것을 깨달은 것은 미지의 창을 열어 문제해결을 하게 된 사례다. 저자가 조하리의 창을 설명하는 이유는 자신의 문제를 해결해 가는데 있어서 저자에게든, 누구에게든 자신의 이야기를 공개하면서 자기가 미처 몰랐던 자신의 모습과 생각을 알아가도록 하기 위함이다.

1. **열린 창을 키워간다** 자신도 알고 남도 아는 영역을 넓히면 보다 더 자신을 잘 알게 되고 그만큼 새로운 계획이나 시작에 성공확률이 높아진다.
2. **보이지 않는 창에서 자기를 본다** 남이 보면 보이는데 자신은 잘 모르고 있는 부분은 남이 이야기해 주어야 알 수 있으므로, 팀을 만들어 같은 팀의 멤버들에게 좋은 어드바이스를 주고 받는게 좋다. 남의 지적이나 어드바이스를 받아들이는 수용의 자세가 중요하다.
3. **숨겨진 창을 공개하자** 자신은 알고 있으나 남에게 자기 이야기를 하지 않으면 남이 알 수 없는 영역을 숨겨진 영역이라 하며, 자신에게 좋은 조언을 할 사람이 곁에 있어도 자기의 이야기를 공개하기를 꺼리면, 적절한 조언을 해줄 수가 없다. 어느 정도 자기 공개를 하느냐 하는 것은 자기 마음대로지만 가능하면 주위에 자기 공개를 하여 의견을 구하는 것이 바람직하다.
4. **미지의 창에서 자기의 숨은 모습을 발견하자** 미지의 영역은 남도 모

르고 자기도 미처 깨닫지 못하는 영역이다. 성격검사, 가치관검사, 직무적성검사, 창업적성도검사 등등 여러 심리진단도구를 활용하여 알아내기도 한다. 어릴 때부터의 자기를 회상해 보고, 명상을 하거나 심리상담으로 자신의 무의식에 가려진 자기모습을 발견하기도 한다.

커리어컨설턴트와 상담과정에서는 보이지 않는 창, 숨겨진 창, 미지의 창을 이해하는 작업을 하여 클라이언트의 열린 창을 키울수록 해법을 찾기 쉬워진다.

마음을 열고 도움을 받는 시도해 보기
먼저 들은 이야기를 밖에서 공개하지 않는다는 약속을 하게 한다. 그래도 공개가 힘든 이는 발표를 하지 않게 하거나 회사 이름, 자기 이름을 가명으로 하고 간단한 자기 소개와 바램을 듣는 시간을 갖도록 한다. 원하지 않으면 발표하지 않도록 한 후 발표를 하게 한다.

"제가 먼저 발표하겠습니다. 권○○라고 합니다. 현재 48세입니다. 저는 중견기업의 총무팀장으로 잘 근무하고 있었는데, 회사가 갑자기 다른 기업으로 합병되면서 퇴직을 할 수밖에 없었습니다. 재취업을 위해 몇 군데 이력서도 내고 노력했으나 취업이 안 되어 어떻게 해야 하나 고민을 하다가 이번 세미나에 참가하게 되었습니다. 아직 실업급여를 받고 있지만 그것도 이제 3개월 후면 끝나고, 집에만 있을 수도 없고, 갈 데도 없고 퇴직 후 3개월째 거의 매일 기원에 들러 종일 바둑만 두다가 저녁에 집으로 가는 생활을 하고 있습니다. 너무나 답답하고, 불안하던 차에 이번 세미나를 알게 되어 좋은 방법을 찾았으면 하여 참가하였습니다."

"그러시군요. 어떤 회사에 어떻게 이력서를 내었는지, 그 회사는 어떤 기준으로 선택했는지, 이력서와 경력서 작성법은 공부했는지, 면접시 어떤 질문이 나왔고 어떻게 대답을 하였는지 등을 저에게 별도로 들려주시든가, 이번 세미나를 진행하면서 다시 준비하시면 길이 열릴 것입니다. 다음에 발표하실 분?"

"이○○라고 합니다. 52세입니다. 대기업 건설부문에 근무하고 있습니다. 저는 현장 경험도 많고 아직은 얼마든지 일할 수 있을 것 같은데, 아무래도 회사 돌아가는 분위기가 저의 2-3년 선배들과 동기들한테까지 은근히 퇴사를 종용하는 분위기입니다. 버티면 몇 년은 더 직장생활하겠지만 그런다고 언제까지나 근무할 수 있는 것도 아니라고 생각합니다. 제 개인적인 사정상 지금 회사에서 좀 더 오래 직장생활을 하고 싶은데, 늦게 퇴직할수록 그 후는 더 나이가 들어 다른 기업으로 옮기거나 창업을 하는 것이 더 어려워질 것 같아 고민을 하고 있습니다."

"그러시군요. 50대에 접어든 많은 직장인들의 고민이기도 합니다. 더 버티느냐, 아니면 하루라도 일찍 새로운 돌파구를 찾는 것이 맞는가 하는 고심들을 합니다. 이○○님의 회사의 상황을 들어보건대 서둘러 준비를 해야 하겠습니다. 세미나 진행해 가면서 좋은 방안 찾도록 도와드리고 싶군요. 모든 분에게 다 기회를 드리기에는 시간의 제약이 있어 한 분만 더 발표해 주셨으면 합니다."

"안녕하십니까 저는 52세로 H기업의 부장 김○○입니다. 이번에 이사 진급에서 탈락되어 고민이 많습니다. 집안일로 일시 휴직을 하였고, 몸이 좋지 않아 병가를 한 달 정도 내었던 것이 원인이었던 같아요.

입사 동기와 1년 후배 중에도 이사 진급자가 나와서 자존심이 상해서 더 이상 이 회사 다니기가 싫습니다. 다른 기업으로 옮길까, 아니면 건강상 문제도 있고 하니 조용한 지방으로 내려가 귀농을 할까 고민중입니다. 이번 세미나에서 저의 방향을 잡아가면 좋겠습니다."

"아, 그러시군요. 건강 문제가 있으시다면 도시에서 스트레스 많이 받는 것보다는 귀농하여 좋은 방법을 찾을 수도 있을 것 같아요. 혹은 수입은 적어도 스트레스 적게 받는 분야를 찾아볼 수도 있습니다. 지금부터의 인생설계를 다시 한번 해보아야 할 것 같습니다. 자 여러분, 세 분의 이야기를 들어 보았습니다. 이 시대에 흔히 있는 직장인들의 고민 이야기였습니다. 시간 관계상 이렇게 30여 명의 이야기를 전부 들을 수는 없어서 일단 여기서 그치고, 이제부터 각 팀 내에서 지금과 같이 자기 소개를 하시기 바랍니다. 시간은 한 시간 드리겠습니다."

휴게시간에 은행 김팀장이 커피를 한잔 들고 강사실로 찾아왔다.

"수강생이 많네요, 다들 저처럼 앞날이 불안해서 왔겠지요?"

"대부분은 그렇지요, 그래도 김팀장님은 아직 현직이시니 형편이 좋은 편입니다. 수강자 중에 명예퇴직자도 여러 분 계시고, 창업했다가 실패한 분도 있어요. 함께 이야기 나누시면서 세미나를 진행하시면 앞으로 방향설정에 느끼는 것이 많으실 것입니다. 지금부터 세미나에서 진행할 자기진단, 자기발견 시간까지 마친 후에 김팀장님의 방향 설정에 대해 이야기 나누도록 합시다."

3   환경분석

자기발견의 첫 단계는 자기Open의 자세다.

다음 단계는 자신이 처한 환경, 자신의 가치, 자신의 성격특성 등을 객관적으로 분석하는 것이다.

먼저 전직, 전업 등을 고려할 때 우선 자기의 상황분석을 해보아야 한다. 인간은 처해진 환경에 크게 영향을 받는다. 머리가 좋아도 가정형편이 어려우면 고교졸업 후 대학으로 진학하지 못하고 바로 직업전선에 뛰어들 수밖에 없었던 사람들의 사례가 가장 흔한 가정환경의 영향이다.

이제 나이 40중반에서 50대에 이르는 중견직장인도 처한 환경에 크게 영향을 받는다.

» 경제환경과 사회의 변화
» 중견직장인의 고용환경 변화
» 건강, 가족상황
» 자신의 재무상황
» 경력, 전문성

1) 경제환경과 사회의 변화

현대 자동차 기사 중 일부다.

친환경차로 생산비중이 높아지는 것은 추세라고 전문가들은 지적한다. 앞으로 내연기관 부문의 인위적 감원도 향후 이뤄질 것으로 보인다. 지난해 GM과 포드가 각각 1만5000명, 2만5000명의 인력 감축안을 발표하고 현재 진행하고 있다. 이 때문에 자동차 산업 인력감소 폭이 중장기적으로는 10% 가량 감소하는 것이 불가피하다고 보는 시각이 많다. 현대차 노사는 최근 고용장기전망으로 현재 생산인력 5만 명의 20%인 1만 명을 2025년까지 감축하기로 방향을 잡았다.

「중앙일보」 2019.10.17 김효성 기자 기사 발췌

실상 현대자동차만의 문제가 아니다. 최근 LG디스플레이 기사도 많은 직장인들의 마음을 무겁게 한다.

"일단 살아남아야…… LG 디스플레이 고강도 구조조정 착수"
LG디스플레이는 전체 임직원의 20% 가량인 5000여 명의 인력을 줄일 계획인 것으로 전해졌다. LG디스플레이가 연말까지 액정표시장치(LCD) 생산능력(캐파)과 인원을 각각 20% 가량 감축할 것으로 알려졌다. 중국 기업이 잠식한 LCD 시장에서 탈피해 한 단계 더 높은 유기발광다이오드(OLED)로 주력을 전환하기 위해 신속하고 과감한 구조조정을 추진하겠다는 것이다. 그룹의 미래 먹거리를 짊어지고 있다는 평가를 받았던 주력 계열사의 사업 악화를 막아야 한다는 LG그룹 차원의 위기의식이 깔려 있다는 게 업계 평가다. LG디스플레이 관계자는 18일 "중국 경쟁업체의 과잉생산으로 LCD 수익성이 계속 떨어지고 있어 연말까지 경기도 파주 7세대와 8세대 생산라인의 가동을 중단할 방침"이라고 했다.

「중앙일보」 2019.09.19 장정훈 기자 기사 발췌

기업의 생존을 위해 하는 고강도 구조조정, 기술변화로 TV, 노트북, 휴대폰 등에서 사용되는 액정패널이 LCD에서 OLED로 바뀌고, 중국의 LED 대량생산체제로 환경이 바뀌어 기업의 입장에서는 생존을 위해 불

가피한 조처라 보인다. 그러나 그 분야에서 일해온 LCD분야의 사원들에게는 무슨 날벼락인가.

비단 LG, 현대의 문제만은 아니다. 삼성도 그렇고, 많은 기업이 해외로 공장을 이전하고, 국내 사업장에서도 가속되는 공장 자동화로 일자리가 무수히 없어지고 있다.

피할 수 없는 환경 변화로 기존산업에서는 일자리가 점점 없어지고 있다. 이제 새로운 분야로 눈을 돌려야 한다.

2) 중견직장인의 고용환경

인재 알선 전문기업 잡코리아의 데이터에 의하면 헤드헌팅업계에 취업알선 희망 등록 인력, 즉 공급은 경력 15년 이상에서 크게 증가하는데 수요 측면에서 경력 15년 이상의 수요는 3.4%에 불과하다는 것이다. 경력 15년이면 대충 40대 초반의 나이고 이제 한창 일하고, 그 분야에서 전문가의 길로 접어들 무렵인데도 그들마저 시장에 나오면 그들을 받아들일 수요가 적다는 이 분석은 쇼킹하다.

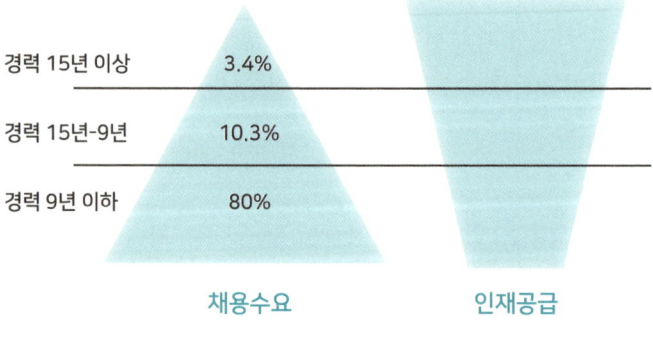

헤드헌팅 경력별 채용수요/ 공급현황

취업포탈 잡코리아 데이터

삼성생명은퇴연구소의 50세 이상자들의 취업 걸림돌 분석에 의하면 첫째가 나이, 둘째로 일자리 부족으로 나왔다고 한다. 50세 이상자들을 원하는 재취업시장의 수요가 크게 부족한 때문이다.

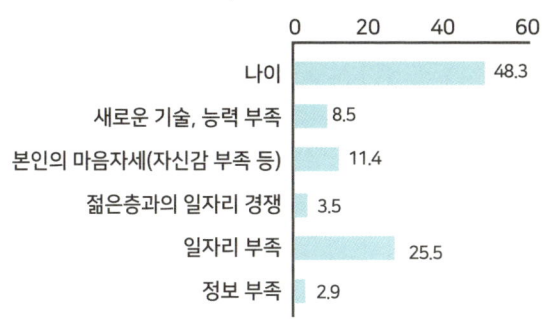

50+ 취업시 가장 큰 장애물

- 나이 48.3
- 새로운 기술, 능력 부족 8.5
- 본인의 마음자세(자신감 부족 등) 11.4
- 젊은층과의 일자리 경쟁 3.5
- 일자리 부족 25.5
- 정보 부족 2.9

자료: 박지승(2014). 50+ 비은퇴 가구의 은퇴 후 경제활동 욕수 및 시사점.
삼성생명은퇴연구소 연구보고서

재취업시 나이는 생각하는 것보다 훨씬 큰 장애 요인이다. 100세시대에 50세면 앞으로도 50년을 더 살아야 한다. 자녀들도 학업을 마치지 못한 경우가 대부분이다. 더욱이 요즈음 50세면 건강하여 청년기처럼 활동 가능하고, 의욕도 넘쳐난다. 그런데도 50세면 나이가 많다니, 그들을 뽑는 일자리가 없다니, 그야말로 어려운 환경이다.

지금의 환경을 극복할 방안을 마련하고 재도약의 기회를 살리기 위한 플랜을 준비해야 한다. 50세 이후의 직장인들이 재취업, 창업 등 새로운 방향을 선택할 경우 환경이 불리한만큼 더 많은 노력이 요구된다. 각고의 노력과 각오가 필요하다는 이야기다.

3) 건강, 가족상황

새 출발을 결정하는 환경요소 중에 건강, 가족, 재무상황 역시 선택의 중요 요소다.

건강 | 직장인의 가장 큰 재산은 건강이다. 건강을 잃으면 모든 것을 잃게 된다. 건강한 사람은 문제가 없으나 신체의 어느 부분에 문제가 생기면 직업 선택이나 재취업에 큰 제약요인이 된다. 직장이나 직업에 따라서는 노동강도가 세거나 야근을 하거나 잦은 출장을 해야 하는 일도 있고, 접대 등으로 잦은 술자리를 해야 하는 경우도 있다. 간이 나쁘거나 당뇨가 있거나 불면증이 있거나 허리관절 등에 이상이 있거나 체력이 떨어지면, 몸에 무리가 안 가는 일이나 회사를 선택해야 한다. 귀농한 친구의 이야기를 들어보면 50대의 건강한 사람이 할 수 있는 농업과 60대에 시작하는 농업은 품종 선택과 농업규모 등에서 차이가 날 수밖에 없다고 했다. 50대 이후의 건강관리는 모든 능력에 앞서 그 중요성이 크다고 할 수 있다.

가족 | 가족은 인생의 울타리고 행복을 주고 삶을 지탱하는 이유기도 하다. 그런데 그 가족이 다음 진로를 결정하는데 지원자도 되지만 때로는 걸림돌도 된다. 능력과 재력이 있어 든든한 버팀목이 되어줄 부모의 존재유무도 큰 차이가 난다. 아직 학생인 자녀들이 있어 교육비가 많이 드는 경우도 그렇고 부부가 맞벌이하는 경우와 아닌 경우도 그렇다.

저자에게 상담을 왔던 어떤 정년퇴직자는 해외에 3년 정도 취업할 좋은 기회가 생겨 해외로 갈까 검토했으나 부인의 건강과 연로하신 부모님 부양 문제로 결국 포기하였다. 가족은 새로운 결정의 중요한 영향요소다.

4) 재무상황

재무상황도 Life Plan과 다음 진로선택에 영향을 주는 결정적 요소다.

재무분석상 여유가 있는 상황에서는 커리어 설계를 여유롭게 해갈 수 있다. 새로운 공부를 하거나, 자격증 취득, 유학, 창업, 사회봉사활동 등 선택지가 많아진다. 재취업을 하더라도 여유롭게 조건 등을 선택할 수 있다. 재무분석 여건상 당장 수입이 필요한 상황에서는 조건이 마음에 들지 않는 선택지라도 받아들여야 하기 때문이다. 재무상황은 현 시점의 재산, 자산 정도의 분석뿐만이 아니고 은퇴 이후의 삶, 수명까지를 고려하여 현재 자산, 예상지출, 예상수입을 종합적으로 분석하여야 한다. 가장 불확실한 것은 언제까지 살 수 있을까 하는 것이다. 그런데 불행(?)하게도 지금껏 생각하는 것보다 더 오래 즉 100세까지 생존하는 것을 염두에 두고 총소요자금을 계산해야 한다.

수입분석, 수입계획

- 지금 어느 정도 수입을 올리고 있는가.
- 전직·재취업하면 언제까지 어느 정도 수입이 가능한가.
- 국민연금은 몇 년 후 받으며, 매달 얼마를 받는가.
- 배우자도 국민연금을 받는가, 몇 년 후 얼마를 받는가.
- 개인연금은 있는가. 있다면 언제부터 얼마나 받는가.
- 임대수입 등 기타 소득은 있는가.
- 주택연금을 언제 신청하고 얼마를 받을 수 있을까.

지출분석, 지출계획

- 생활비(의·식·주)와 차량, 용돈은 얼마가 필요한가.
- 자녀교육비, 결혼비용 등 얼마가 더 필요한가.
- 건강보험료, 재산세, 경조사비, 용돈, 여행비 등은 얼마나 필요할까.

» 주택관리비, 난방비, 차량유지비 등은 얼마나 들까.
» 나이 들면서 의료비는 계속 늘어갈텐데 얼마나 들까.
» 부모님 부양과 의료비는 얼마를 계상할까. 부모님이 요양시설에 간다면 월 얼마를 부담해야 할까.

자산분석 |
» 저축은 얼마나 있는가.
» 주택 등 보유 부동산의 가치는 얼마나 되나.
» 기타 자산은 얼마나 있는가.

수입, 지출, 자산을 종합적으로 고려하여 재무플랜을 설계하면 현재 상태로는 언제 어느 정도 부족한지, 어느 정도 여유가 있는지 알 수 있다. 부족한 정도를 알게 되면, 수치를 계상할 수 있다.

수입확대 | 최소 몇 살까지 월 얼마의 수입을 올려야 하는지의 계산이 나온다. 그 정도에 따라 남아 있는 직장생활, 전업 재취업 분야, 취업기업을 정할 수 있다.

지출축소 | 수입확대도 어렵지만 지출축소 계획도 중요한 검토사항이다. 어느 항목에서 어느 정도 지출을 줄여야 할지 결정해야 한다.

저자가 대기업에서 사표를 내고 창업을 했을 때 에피소드다. 아주 큰 사업을 하는 친구에게 찾아가서 한마디 어드바이스를 구했다. 그 친구가 점심식사를 하면서 이야기하자고 했다. '사업을 크게 하니 좋은 식당으로 예약했겠지.' 하고 따라나섰다. 그런데 간 식당이 조그만 냉면집이었다. 냉면만 한 그릇씩 시켜 놓고 그 친구가 "산에 흐르는 물을 많이 가두는 방법이 무엇인지 아니?"라고 엉뚱한 질문을 했다. 저자가 아무 말 없이 그 친구 얼굴을 쳐다보았더니 그 친구는 "두 방법이 있는데 하나는 비가 많이 오게 하는 것이고 다른 하나는 댐을 크게 만들어 흐르는 물을 가두는 거야. 비가 많이 오게 하긴 힘들어. 그러니 비가 올 때 흘러가버리지 않도록 댐에 가두어야 해. 자네가 사업을 시작해서 열심히 하면 수입이 생기겠지만 더 중요한 건 지출을 줄이는 거야. 명심해!" 했다.

그때는 그 말이 섭섭하게 들렸다. 그렇게 큰 사업을 하면서, 친한 친구가 오랜만에 찾아갔는데 겨우 냉면 한 그릇 사주고 뭐 댐을 만들어 물을 가두어? 그런데 나중에 사업을 하면서, 지출을 줄이는 것, 경비를 절감하는 것이 얼마나 중요한지를 차츰 깨닫게 되었다. 대기업에서 월급 많이 받다가 퇴직한 사람들이 지금까지의 패턴에서 벗어나지 못하고 체면 때문에, 습관 때문에 지출을 줄이지 못하는 경우를 자주 본다.

이런 대기업 출신에게 어떤 어드바이스를 해야 할까?

가치분석 | 저자가 강의중 능력의 이야기를 할 때 아래와 같이 자기표현을 해보라고 주문하면 대개의 경우 당황스러워한다.

"저의 스킬, 능력, 경력, 업적, 전문성, 어학력, 인맥이 이러이러하므로 제가 귀사에 입사한다면 이러이러하게 기여할 수 있습니다. 따라서 저에게 ○○의 연봉과 ○○의 직책을 주십시오."

20~30년 이상 직장생활을 열심히는 했는데, 자기 능력, 업적, 전문성, 발전가능성을 평가해 보려니 크게 내세울 것이 없는 경우도 많다. 조직을 위해 열심히 일한 것은 맞는데 관리자가 된 지 오래되다 보니 관리자로서의 능력을 어떻게 표현할지 답답해하는 이가 많다. 오늘은 항목에 답을

하면서 자신의 가치를 정리해 보라.

1. 회사를 바꾸어도 가치있는 능력/스킬은 어느 정도인가? 그 스킬, 능력은 언제까지 유효(활용가능)할까?

2. 새로운 사회, 새로운 시장수요에 맞추기 위해 준비하고 있는 능력/스킬은 무엇일까?

3. 주요 경험/업적에서 기여도를 구체적으로 표현하면?

4. 취득한 자격증은 어떤 것인가?

5. 글로벌시대에 유용한 어학능력은 어느 정도인가?

6. 자신의 인성의 장점은 무엇인가?

7. 인맥은 중요한 자산이고 가치요소다. 회사를 옮길 때, 창업할 때 지원해 줄 인맥은?

중견직장인에게는 학력보다는 경력이 더 중요하고, 지식보다는 인맥이 중요한 요소다.

"선생님, 어렵습니다. 은행팀장으로 몇 년 지내다 보니 결재가 주업무였고 은행 일이란 정해진 룰대로 움직여야 하는 일이어서 지점장의 재량권도 없어요. 저의 현재가치는 별로 없는 것 같아요."

"너무 그렇게 속단하거나 낙심하지 마시고 차분히 자신의 능력을 찾아가 보도록 합시다. 같은 은행 경력이 있어도 어떻게 해오셨는가에 따라 다르겠지요. 거래선 기업을 잘 살피고 분석을 해오셨다면 기업분석력이 높아 기업 신용조사기관으로 전직하실 수도 있고, 은행과 거래하던 중소기업의 생리를 잘 살펴보셨다면 창업을 하셔도 실패 확률을 줄일 수 있습니다. 또 은행 출신 특유의 성실성과 조직 충성도를 살리면 성장하는 중소기업의 관리담당 중역으로 가실 수도 있습니다. 지금 김팀장님의 질문과 같이 자기 능력을 표현하기 어려운 직장인들이 많아요. 특히 관리자 생활 오래하신 분들의 경우가 더욱 그렇습니다. 그래도 자신을 잘 살펴보면 자신이 미처 못 느끼고 있던 자신의 능력을 알아낼 수 있어요."

» 기획력이 있다.
» 직원들의 인화단결을 이끌어내는 조직관리 능력이 있다.
» 중소기업 경영분석능력이 있다.
» 폭넓은 인맥이 있다.
» 어학능력이 있다.
» 생산관리력이 있다.

자기를 잘 관찰해 보면 분명히 여러 면에서 능력이 있음을 발견할 수 있습니다.

차분히 자신의 능력을 생각해 보면 의외로 자신이 가진 능력, 특장점이 많을 수 있다. 그것을 찾아내어 기술해 볼 필요가 있다.

특성분석 | 자신이 어떤 특성의 사람인가를 분석하여 자신에게 맞는 직업을 선택하는 것은 아주 중요하다. 능력, 경험, 스킬, 전문성과 함께 직업선택에서 중시하는 것은 개인특성이다.

수-퍼(Super, D. E) 교수는 직업 적합성을 능력Ability, 개인특성Personality 의 두 요소로 나누는데 개인특성을 다음과 같이 설명하고 있다.

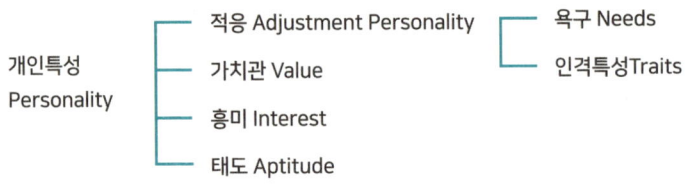

자신의 특성을 잘 파악하는 것이 매우 중요하다. 전직·재취업을 위

해 도움이 되는 개인특성과 역량검사에는 MBTI, DISC, PAR, STRONG 등 다양한 검사가 있다. 커리어컨설턴트들은 내담자의 상황에 맞게 진단을 실시하고 그 결과를 다음 목표 선택을 위해 활용한다.

쉽게 활용할 수 있고, 접근이 용이한 것은 **워크넷**(www.work.go.kr)에서 제공하는 아래 무료 진단류다. 검사별로 출력지에 결과에 대한 상세한 해석도 나온다.

성인용 직업적성검사/직업선호도검사S형/직업선호도검사 L형/구직준비도검사/창업적성검사/직업전환검사/직업가치관검사/영업직무기본역량검사/IT직무/기본역량검사/중장년 직업역량검사/준고령자 직업선호도검사/이주민 취업준비도검사

<u>잠시 책을 덮어 두고 워크넷에 접속하여 위 진단 중 필요한 진단을 해본 후 출력 결과물을 펼쳐놓고 다시 책속의 설명을 읽어 보라.</u>

검사를 하기 전에 검사에 대해 알아 두어야 할 내용이다. **심리검사는 일반적으로 직무적성검사, 성격검사, 흥미검사 등을 하고 성향을 읽어주는 것이다.** 검사결과가 엉터리다, 맞지 않는다, 하고 불만을 토로하는 이들이 있는데 큰틀에서 경향으로 받아들이면 된다.

또 검사시간이 너무 짧다거나, 설문항목이 무슨 뜻인지 잘 모르겠다거나, 비슷한 질문을 반복한다거나, 설문이 엉터리라든가, 기타 여러 이야기를 하는 이들이 있다. 사람들마다 달리 받아들이는 것은 당연하다. 시간을 짧게 준다든가, 중복된 질문, 비슷한 질문을 반복하는 것도 진단설계의 기법에 해당되므로 그냥 순수한 마음으로 진단에 임하면 좋다.

직업적성에 예시된 직업명은 참고로만 하고 '아! 나는 이런 유형의 직업군에 맞는구나.' 하는 직업군의 이해로 활용하라.

세상이 변하면서 많은 새로운 직업이 나타나는데 그 모든 것을 진단에 반영할 수도 없으며, 직업의 선택은 설문내용 외에도 개인별 특성, 경기사항, 능력진단, 경제적사항, 가족사항, 직면하고 있는 다양한 환경에 맞추어서 결정해야 하므로, 강의를 들어가면서 본인에게 맞는 직업을 생각해보면 좋다.

검사는 단지 참고자료일 뿐이다. 검사결과를 너무 믿거나 너무 불신하거나 일희일비할 필요가 없다.

워크넷에서 아래 검사를 해보라.
직업선호도 검사 L형 검사시간 60분 워크넷 (www.work.go.kr)

검사 결과지를 보면 크게 3부분으로 결과가 나와 있다.

직업흥미검사 | 직업흥미 특성을 6가지 유형으로 구분하여 흥미 특성에 맞는 직업분야를 안내한다.

성격검사 | 일상생활 속에서 나타나는 개인의 성향을 5가지 요인과 28개의 하위요인에서의 개인의 성격특성을 알 수 있다.

생활사검사 | 과거의 다양한 생활경험을 측정하여 개인을 이해하도록 돕는 검사로 9개 생활요인에서의 개인특성을 설명한다.

하위검사	측정요인	하위검사	측정요인
흥미검사	현실형	생활사 검사	대인관계지향
	탐구형		독립심
	예술형		가족친화
	사회형		야망
	진취형		학업성취
	관습형		예술성

하위검사	측정요인	하위검사	측정요인
성격검사	외향성	생활사 검사	운동선호
	호감성		종교성
	성실성		직무만족
	정서적 불안정성		
	경험에 대한 개방성		

1) 직업흥미검사

직업흥미검사는 직업선택 이론을 체계화한 홀랜드John L. Holland 교수가 1959년 소개한 육각형 모델을 그 베이스로 한다. 이 이론은 홀랜드 교수가 개인특성 즉 퍼스낼리티 타입personality type을 정리하는 과정에서 탄생한 것이 지금까지 이어져 내려온 것이다. 구직자가 자신의 퍼스낼리티 특성을 알고 그 특성에 적합한 직업을 탐색하게 도움을 준다. 영어 앞자리를 따서 RIASEC 모델이라고 한다.

현실형R 명확하고 체계적, 원리원칙 사고, 명확한 방법을 사용한다. 전기기계공학, 농부, 운전수, 측량기사 등의 직업에 흥미가 강하나 영향력

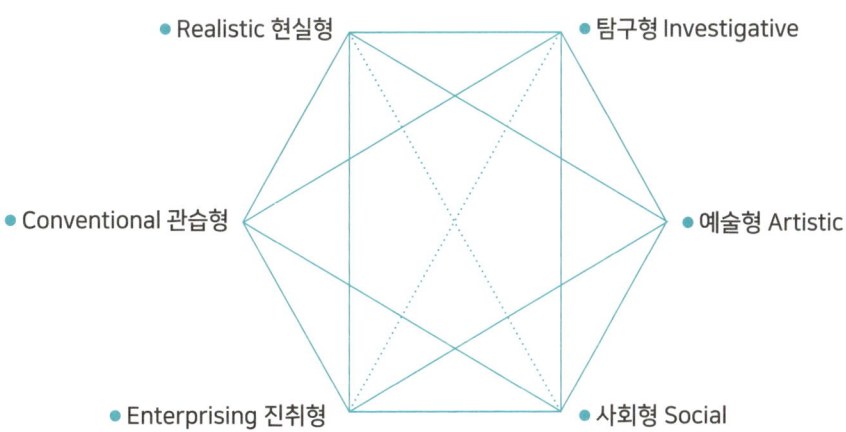

발휘나 창조적 분야에 취약할 수 있다.

탐구형I 현상을 비판적이고 분석적으로 관찰한다. 과학자, 의사, 컴퓨터전문가 등에 흥미가 있다.

예술형A 간섭받거나 구속을 싫어하며, 독창적, 창의적, 상상력이 풍부하다. 화가, 음악가, 작곡가 등에 흥미가 있다.

관습형C 권위나 규칙에 순응, 습관적으로 하는 일에 만족한다. 창의적이고 독창적인 일에 스트레스를 받는다.

진취형E 리더십이 있고, 대인관계가 좋고, 자기주장도 강하다. 정치인, 세일즈맨, 경영자에 관심이 강하다.

사회형S 사회적유형, 사람사귀는 것을 좋아하고, 언어적 기술이 뛰어나다. 사회사업, 목사, 교사, 사회복지사 등에 흥미가 강하다.

홀랜드 교수의 직업흥미 분류와 유사한 이론으로 MIT 경영대학원 교수 애드거Edgar H. Schein 박사의 『커리어 앵커』가 있다.

커리어앵커는 경력지향성이라고 정의할 수 있는데 샤인 박사는 누구나 잠재의식에서 우러나는 기본적 닻Anchor에 매여 있으므로 외부의 압력에도 쉽게 직업을 바꾸지 못한다고 분석하였다. 자신의 커리어앵커를 이해하면 커리어 선택을 명확히 할 수 있고 일생의 커리어 발달을 돕는 길이라고 하였다. 커리어에 대한 선호도는 일생에 걸쳐 직업선택에 큰 영향을 미친다. 커리어컨설팅을 할 때 내담자의 커리어앵커, 잠재적으로 그 사람이 지향하거나 마음으로 꿈꾸는 일을 찾아내어 그런 방향으로 직업을 선택하도록 하는 것은 아주 중요한 작업이다.

8가지 커리어앵커는 아래와 같다.

» **전문 직능별능력Technical/Functional Competence, TF** 특정업계, 직종, 분야에 집착, 전문성을 추구

- » **경영관리능력General Management Competence, GF** 종합적 관리직을 추구, 전문 직능별 능력과 달리 조직 전체의 다양한 경험을 추구
- » **자율 독립Autonomy/Independence, AU** 제한이나 규제에 얽매이지 않고 자율적으로 하는 일을 좋아한다.
- » **보장, 안정Security/Stability, SE** 생활의 보장이나 안정을 최우선으로 한다.
- » **기업가적 창조성Entrepreneurial Creativity, EC** 스스로의 아이디어로 창업, 기업하기 원한다.
- » **봉사 사회공헌Service/Dedication to a cause, SV** 조직에 공헌, 조직 이외의 일에도 봉사를 좋아한다.
- » **순수한도전Pure Challenge, CH** 도전하는 것에 가치를 둔다. 끊임없이 도전을 즐긴다.
- » **생활양식Lifestyle, LS** 일과 생활의 조화를 중시, 최근 LS는 증가 추세

2) 성격검사결과

다음은 성격검사항목과 점수의 의미. 워크넷의 성격검사는 6개 카테고리의 분석과 카테고리별 세부 항목으로 분석하고 있다.

- » **외향성** 타인과의 상호작용을 원하고, 타인의 관심을 끌고자 하는 정도
- » **호감성** 타인과 편안하고 조화로운 관계를 유지하는 정도
- » **성실성** 사회적 규칙, 규범, 원칙들을 기꺼이 지키려는 정도
- » **정서불안정성** 정서적으로 안정되어 있으며, 자신이 세상을 통제할 수 있으며 세상을 위협적이지 않다고 보는 정도

» **경험개방성** 자신을 둘러싼 세계에 대한 관심, 호기심, 다양한 경험에 대한 추구와 포용력 정도

	높은점수	낮은점수
외향성	사교적이며, 말을 많이 하며 자기 주장을 잘한다.	꾸준하고 말수가 적고 독립적이다. 혼자 있기를 좋아하지만 사회적 불안을 겪지는 않는다.
호감성	기본적으로 이타적. 타인과 공감을 잘하고 남을 잘 도와준다.	자기중심적이며 타인의 의도를 의심하며 경쟁적. 회의적 사고는 과학분야의 필수적 특성이다.
성실성	꼼꼼하고 정확하고 신뢰성 있음. 목표를 가지고 행동하며 의지 강함. 까다로움, 깔끔, 일중독 증상	정확성이 떨어지고 목표를 가지고 행동하려는 의지가 약하다.
정서 불안정	쉽게 적응하지 못하며 스트레스를 잘 받고 욕구통제가 어려움. 정신병리적 문제를 경험하기 쉬움	심리적으로 안정되어 있고 어려운 상황에 큰 두려움 없이 대응할 수 있음
경험 개방성	다양한 일들을 경험하기 좋아하며 관습에 얽매이지 않으며 새로운 가치관을 기꺼이 받아들인다.	행동이나 외모에서 보수적인 경향이 있지만 권위주의적이지는 않다.

3) 생활사검사

생활사검사는 개인의 과거행동을 살펴, 미래행동을 예측할 수 있다는 발달심리학에 근거한 검사다. 9개 카테고리로 분석하였는데, 과거의 경험으로 이루어진 현재의 행동양식을 분석한 것으로, 앞으로 직업생활을 설계하는데 개인의 중요한 가치, 판단자료로 활용할 수 있는 검사다. 어릴 때부터 경험하고 내재화된 행동양식이나 생각은 쉽게 바뀌지 않으므로 생활사검사의 각 항목을 유의하여 살피는 것은 중견직장인들이 새로운 인생설계나 커리어 설계를 함에 있어 중요 요소이기 때문이다.

» **대인관계** 지향이 강하고 약함의 분석은 직업 선택의 중요 영향요소라고 할 수 있다. 예를 들면 대인관계 지향이 강한 사람이 약한 사람보다 대인영업이 필요한 분야에 더 어울린다. 대인관계 지향이 약한 사람은 연구분야 등에서 더 능력을 발휘할 수 있다.

» **독립성** 강하고 약함은 창업적성, 신규사업 개발 등과 관련지을 수 있다. 저자가 오래도록 일본관련 비지니스를 하면서, 한국에 진출해있는 일본회사들을 관찰하면서 느낀 부분인데, 한국인들은 일본인 직장인들에 비해 독립성이 아주 강하다. 일본인들은 스스로 하기보다는 정해진 룰에 따라하기를 선호한다. 양측면의 장단점이 있지만 급변하는 환경여건에서 빠른 판단이 필요한 즉 상황대응력이 필요한 경우에서는 한국인이 더 능력을 발휘할 수 있다. 그러나 엄격히 정해진 룰을 따라야 하는 업무에서는 독립성이 약한 사람이 사고나 문제를 일으키지 않고 업무를 수행하기 좋다.

» **가족친화** 부모님의 관심속에 가족끼리 화목한 가정에서 지냈는가 아닌가의 검사다. 인성발달, 성격형성에 큰 영향을 미치는 가정환경을 보는 항목이다. 어린시절에 일어난 일은 삶에 큰 영향을 미친다. 그것이 정체성을 판단하는 절대적인 요인은 아니지만 양육과정이 인생을 좌우할 정도로 중요하다. 한부모 밑에 자란 형제의 성격이나 행동이 다른데 하고 의문을 제기하는 이도 있지만, 두 아이의 발달과정에 부모의 양육자세와 태도가 완전히 같을 수는 없으므로 차이가 날 수 있다.

» **야망** 사회적 부와 명성을 얻고자 하는 열망의 정도를 나타내는 항목이다. 이 항목이 강한 이들은 창업이나 새로운 조직에서의 성공을 지향할 수 있으나, 약한 이는 사회봉사, 종교활동 등의 분야가 더 어울릴 수 있다. 이 항목의 검사 수치가 낮은 이는 중년 퇴직 후

은퇴 모드로 빠지기 쉽다.

» **학업성취** 학창시절의 학업에 관한 검사 결과로, 이 부분이 높은 이는 퇴직을 앞두거나, 퇴직이 결정된 시점에서 자격증도 취득하며 부족한 분야의 학업도 시작할 수 있는 자기개발 성향이 강한 이라고 할 수 있다. 이 부분이 약한 이들은 몸으로 체득하며 해나갈 수 있는 분야가 더 어울린다.

» **예술성** 예술적 자질을 보는 검사로 예술적 자질은 후천적인 노력도 중요하지만 타고난 재질인 경우가 많다. 여러 환경 여건으로 이 분야와 관계없는 곳에서 직장생활을 해온 이라도, 이제 중년에서 새로운 인생을 설계하거나 새로운 직업을 선택할 때, 본인의 특성을 살릴 수 있는 분야를 탐색하는 것이 좋다.

» **운동선호** 어릴 때부터 운동을 선호하고 운동을 즐겨하신 분들과 그렇지 않은 분들은 활동성에서 차이가 난다. 역시 커리어 설정시에 중요한 요소다.

» **종교성** 일상생활에 미치는 종교의 영향을 의미하는데, 이 점수가 높은 이는 어릴 때부터의 종교생활이 인성이나 대인관계에 미치는 영향력이 컸고, 특히 아주 힘들고 어려운 상황이 발생하였을 때 견디고 헤쳐 나가는 데는 종교의 힘이 도움을 주었다고 할 수 있다. 대체로 곤경에 처한 경우 종교의 힘에 의지하는 경우가 많다. 논리적으로 설명할 수 없는 종교의 힘이고 매력이다.

» **직무만족** 예전이나 지금이나 본인의 직무에 만족도가 높은 이는 직장을 잘 옮기지 않는다. 매사 긍정적이고, 착실한 이라고 볼 수도 있고, 처음부터 자신의 성격특성이나 능력에 맞는 일로 직정생활을 시작한 이다. 재취업을 하는 경우 비교적 폭넓게 재취업 회사나 직종을 선택할 수 있다. 이 점수가 낮은 이, 즉 직무 만족도가 낮아서

직장적응에 힘들어하는 이들은, 재취업이나 창업을 할 때 환경분석, 성격분석, 능력분석, 직무적성분석을 보다 심도있게 실시하여 선택해야 한다.

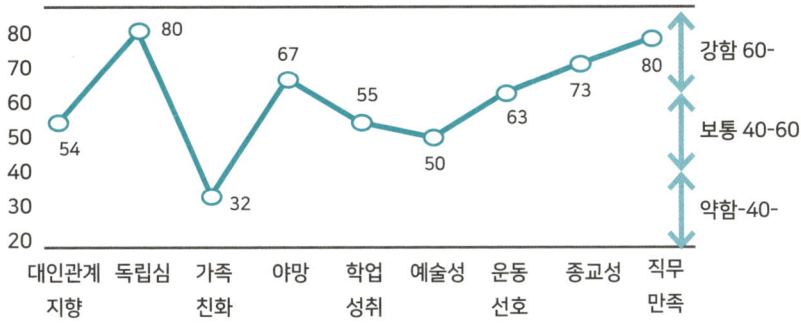

4) 직업가치관검사

직업선택시 중요하게 생각하는 가치가 무엇인지를 확인하는 검사다. 적합한 직업분야를 안내하려는 검사이기도 하다. 워크넷 검사에서는 중요하게 생각하는 직업가치를 13가지의 가치요인을 기준으로 파악하고 이를 바탕으로 직업안내 참고자료로 쓰고 있다.

하위요인	요인 설명
성취	자신이 스스로 목표를 세우고 이를 달성함
봉사	남을 위해 일함
개별활동	여러 사람과 어울려 일하기보다는 혼자 일하는 것을 중시함
직업안정	직업에서 얼마나 오랫동안 안정적으로 종사할 수 있는지를 중시
변화지향	업무가 고정되어 있지 않고 변화 가능함

몸과 마음의 여유	마음과 신체적인 여유를 가질 수 있는 업무나 직업을 중시
영향력 발휘	타인에 대해 영향력을 발휘하는 것을 중시
지식추구	새로운 지식을 얻는 것을 중시
애국	국가를 위해 도움이 되는 것을 중시
자율성	자율적으로 업무를 해나가는 것을 중시
금전적 보상	금전적 보상을 중시
인정	타인으로부터 인정받는 것을 중시
실내활동	신체활동을 덜 요구하는 업무나 직업을 중시

* 각 하부 항목별 해설은 워크넷 검사 결과서를 참조 바람

13개 직업가치검사와 관련직업/가치요인 의미 확인이 중요. 관련 직업은 예시일 뿐임. 특징적인 부분, 크게 높거나, 크게 낮은 부분에 유의할 것

성취	대학교수, 연구원, 프로선수, 연주자, 관리자 등
봉사	판사, 소방관, 성직자, 경찰관, 사회복지사 등
개별활동	디자이너, 화가, 기사, 교수, 연주자
직업안정	연주자, 미용사, 교사, 약사, 변호사, 기술자
변화지향	연구원, 컨설턴트, 소프트웨어개발자, 광고 홍보전문가 등
몸, 마음여유	레크레이션진행자, 교사, 교수, 화가, 조경기술자
영향력발휘	감독, 코치 관리자, 성직자, 변호사
지식추구	판사, 연구원, 경영컨설턴트, 소프트웨어개발자, 디자이너
애국	군인, 경찰관, 검사, 소방관, 사회단체활동가
자율	연구원, 자동차영업원, 레크레이션 진행자, 광고 전문가, 예술가
금전적 보상	프로운동선수, 증원, 투자중개인, 공인회계사, 금융자산운용가
인정	항공기 조종사, 판사, 교수, 운동선수, 연주자
실내활동	번역사, 관리자, 상담원, 연구원, 법무사

5) 중장년 근로자의 주요 직업역량검사

경력활동	재취업자신감	자신이 재취업하기 위한 능력과 노력에 대해 자신감을 갖고 있는지에 대한 내용이다.
	경력계획	자신의 경력을 위해서 장기적이고 실행 가능한 목표를 세우고, 목표 달성을 위해 얼마나 노력하는지에 대한 내용이다.
직무태도	직무적합도	현재 하고 있는 일이 자신의 특성과 적성에 알맞은 정도다.
	직무만족	자신이 현재 하고 있는 일에 대해 만족하는 정도다.
직무능력	업무능력	지식을 사용하여 업무를 수행하는 능력이다.
	관계능력	다른 사람과의 관계에서 발생하는 문제를 적절히 해결하는 기술이다.
개인특성	자기평가	삶을 살아가는 능력에 대해 스스로 판단하는 정도이다.
	개방성	자기 자신을 둘러싼 세계에 대한 관심, 호기심, 다양한 경험에 대한 추구와 포용 정도이다.
기초자산	가족의 지지	자신과 가족이 서로 얼마나 믿고 의지할 수 있는지에 대한 내용이다.
	건강	자신의 정신적, 신체적 건강에 대한 내용이다.

하위요인		검사점수 (T점수)	구분	20 30 40 50 60 70 80
경력활동	재취업자신감	62	강점	
	경력 계획	45	보통	
직무태도	직무적합도	63	강점	
	직무만족	51	보통	
직무능력	업무능력	43	약점	
	관계능력	36	약점	
개인특성	자기평가	66	강점	
	개방성	57	강점	
기초자산	가족의 지지	31	약점	
	건강	18	약점	

6) SWOT 분석

지금까지 분석한 상황분석, 가치분석, 특성분석을 참고로 자신의 강약점과 기대할 수 있는 기회 그리고 고려해야 할 위협 요인을 분석해 보라. 막연히 알고 있던 자신을 다시 한번 정리하게 된다. 이 분석은 지금부터의 인생, 직업의 방향을 설정해 나가는데 중요 참고자료가 된다.

다음 페이지 SWOT 분석 사례와 같이 자신의 모습을 정리해 보라.

SWOT 분석 사례 참고(52세의 중견기업 이사)

강점 Strength	약점 Weaknesses
1. 어학력 : 영어회화 상급 　　　　중국어회화 중상급 2. 대인 관계 지향, 사회성 강함 3. 해외 신시장 개척 경험 풍부 4. 경영지도사 자격 취득 5. 직업흥미검사 진취형 높음	1. 재무상황 취약 2. 나이

기회 Opportunities	위협 Threats
1. 중견기업, 벤처기업의 　해외시장진출관련 분야 2. 경영컨설팅 창업	1. 중국진출기업의 탈중국화 2. 부모님 케어

위 분석 사례의 내담자 경우

» 부모님 케어 문제로 당분간 해외 취업이나 장기 해외 체류는 어려울 것으로 판단된다.
» 해외 무역 확대 예상 기업이나 중국관련 비즈니스 확대 기업에 취업하는 것이 좋겠다.
» 근무조건이 힘들어도 보수가 많은 기업에 취업해야 할 것 같다.
» 일정한 경력을 쌓은 후 경영컨설팅 창업을 하는 것이 좋겠다.

③ 선택 New Start, New Life

Career Consulting Process / Employee Assistant Program

기로의 4050, 변화의 탐색

⬇

자기발견
- 상황분석 (고용환경, 사회변화, 나이, 재무상황, 가족 상황, 건강)
- 가치분석 (능력, 경력, 업적, 전문성, 자격증, 직업역량, 발전성 등)
- 특성분석 (직업적성, 성격특성, 생활사, 가치관, 커리어앵커)

⬇

선택 New Start, New Life

A ↓   S ↓ 브릿지 Bridge   D ↓
      B ↙   C ↘

전직 · 재취업
1. 동일업종, 이업종
2. 동일직종, 이직종
3. 중소기업 벤쳐기업
4. 해외취업, 기타

E →

탈샐러리맨, 새로운 길
1. 창업, 창직
2. 귀농, 귀어, 귀촌
3. 사회적기업, 해외취업
4. 사회봉사의 길, 은퇴

⬇

Target 분야 설정, 기업 탐색
구직활동 방법
이력서, 경력서, 면접
새 출발의 성공자세

⬇

각 분야 기본지식과 정보
전문 지원기관, 교육기관
성공 사례 학습
사전준비와 성공포인트

⬇

4050, New Start 성공을 향하여

1   나를 위한 성공의 정의

"선생님, 어떻게 사는 것이 성공적인 삶이라고 생각하시는지요? 성공적인 삶을 정의해야, 이제부터 갈 길을 선택할 수 있을 것 같아요."

"삶의 철학, 삶의 방식에 대한 아주 좋은 질문입니다. 돈만 벌면 성공이라든가, 자신의 출세, 사회적 평가를 얻기 위해 다른 모든 것을 희생시키는 사람들을 봅니다. 그런 사람들이 정작 그 목표를 이루고 나서 건강을 잃거나, 가족이 불행해 지거나, 스스로 공허감에 사로잡혀 무너지는 경우를 종종 봅니다. 사회적 잣대로 평가한 성공과 진정한 성공은 별개라고 생각합니다. 인생의 성공, 실패는 한마디로 잘라 말하기 어렵습니다. 성공이란 기준도 척도도 없는 주관적인 것입니다. 저는 '**자기 스스로 성공자라고 말할 수 있는 사람만이 성공자**'라고 이야기합니다."

성공자로 살았는가 실패자로 살았는가는 스스로 평가할 문제다. 제3자가 객관적으로 계량화하여 평가할 수 없다. 우리 모두 성공을 꿈꾸지만, 각기 다른 모습의 성공을 꿈꾼다. 세상에는 성공학 서적이 수없이 많다. 주로 젊은 사람들을 위한 성공학 서적이 많으며, 젊은이들에게 큰꿈을 꾸도록 독려한다. 젊은 사람들은 마땅히 그래야 한다.

그런데 직장에서의 성공이란 승진, 높은 연봉을 받는 것 등으로 바뀌어 왔다. 결혼하고 자녀들 키우고, 직장에서 경쟁하다 보면 아주 눈앞의 성취에만 몰두하게 된다. 사실 1년 먼저 승진하느냐 못하느냐는 저자처럼 나이 들어 보면 그다지 중요하지 않다는 것을 알게 된다. 젊을 때는 아주 심각하게 여기고 진급 한번 누락됐다고 사표 던지는 경우도 많다. 그러다가 나이 들면서 가치있는 삶, 의미있는 삶을 생각하게 된다. 60~70세의 은퇴자들에게 성공은 멋지게 나이 듦, 아름다운 노후 등 인생을 잘 정리하는 쪽으로 무게중심이 옮겨진다.

성공은 인생의 어느 시점에서 얼마나 이루고 있는가, 언제 부장이고 중역인가 하는 것이 아니고 인생 전반에 걸쳐 나이에 걸맞게 잘 살고 있는가 하는 것이다. 노년이 되어 지금까지 후회없이 살았고, 지금도 행복하다고 스스로에게 말할 수 있다면 그 사람이야말로 인생의 성공자다.

60세 전까지 잘 지내다가, 60세부터 80세까지 할일없이 무료하게 산다거나 경제적으로 어렵게 살며 고통을 많이 받는다면, 그래서 노년기를 후회하며 산다면 진정한 성공자라고 할 수 없다. 지금까지 다소 만족스럽지 못하게 살았더라도 40년 50년 남은 인생을 잘 설계하고, 열심히 살면 성공적인 인생을 얼마든지 누릴 수 있다. 전반전에 화려하게 살다가 후반전에 비참해지는 인생보다는 전반전에 도전도 해보고, 실패도 해보고, 때로 후회하며 살았더라도 그것이 밑거름이 되어 후반전에 충실히 살 수 있으면 그것이 더 큰 행복이고 더 큰 성공자의 길이다.

10여 년 전인가 저자가 국내 대기업 부장연수에 특강 강사로 초청이 되어 강의를 할 때였다. 통상적으로 강의를 시작하기 전연수 진행자가 강사의 학력, 지위 등을 소개하며 오늘의 강사가 얼마나 훌륭한지, 얼마나 전문가인지 소개한다.

그날은 진행자에게 부탁했다.

"오늘은 강사가 스스로 자기소개를 하게 해주십시오."

저자가 연단에 올라서서 말했다.

"여러분은 오늘 한국에서 가장 성공한 사람을 강사로 모셨습니다."

했더니, 모두 의아한 눈빛으로 바라보았다.

'도대체 누구지? 가장 성공한 사람? 들어보지 못한 이름인데?'

그때 이렇게 물어보았다.

"여러분, 인생에서 성공의 요소는 무엇입니까?"

여러 대답이 나왔다.

노후 생활 걱정 없을 정도로 모아 놓은 돈이 있어야 합니다.

나이 들어서도 할일이 있어야 합니다.

나이 들어서 건강해야 합니다.

자녀들을 잘 키워놓아야 합니다.

오래오래 부부 금슬이 좋아야 합니다.

자녀에게 존경받는 부모여야 합니다.

진정한 친구가 2~3명 이상 있어야 합니다.

정신적인 평안을 얻을 수 있는 종교가 있으면 좋습니다.

여가를 즐길 취미가 있어야 합니다.

등등이었습니다.

"저는 위의 9가지에 전부 해당됩니다. 말하자면 100점이지요. 그러니 지금 대한민국에서 가장 성공한 사람 아닙니까?"

저자가 말하자 모두 그제서야 고개를 끄덕였다.

위의 9가지는 누구나 이루지 못할 요소는 하나도 없다. 지금 4050이라도 지금부터 40년쯤 후인 8090이 되었을 때 지난 인생을 돌아보며 그런대로 성공적인 인생이었다고 스스로에게 이야기할 수 있으면 성공자다.

자기만을 위한 이기적인 인생, 자기의 성공을 위해 가정을 소홀히 하고, 친구를 멀리 하고, 더욱이 조기에 건강을 버리고 후회하면 안 된다. 아무 계획 없이 하루하루 살다가 노년에 궁핍하게 되어 자녀들에게 짐이 되는 그런 인생을 살아서도 안 된다. 경제적으로 안정되어 있더라도 20년~30년을 할일 없이 무료하게 지내서도 안 된다.

10년 단위로 40대, 50대, 60대, 70대, 80대 자신의 바람직한 삶의 모습, 하는 일, 활동 등을 먼저 그려보라.

그런 바람직한 삶의 모습을 위해 지금부터 해야 할 일, 준비해야 할 것들을 정리해 보라.

살면서 얼마나 많은 선택의 기로에 섰던가. 대학 선택, 직장 선택, 배우자 선택, 사직, 재취업 선택, 인간관계 선택, 아파트 선택, 재취업 회사 선택, 주식 투자종목 선택, 퇴직 후 삶의 방법 선택…….

그 모든 선택의 결과가 자기 모습을 만들어간다. 선택은 모두 자기 책임이고 그 결과도 자기가 받아들여야 한다. 지금 4050은 또 다시 선택의 기로에 서 있다. 젊을 때 선택의 실수는 만회할 시간이 많지만 중년기 선택의 실수는 만회할 시간도 적고, 치명적일 수 있다.

"그때 회사를 그렇게 그만두지 말았어야 하는데."
"그때 미리 자격증을 준비해 둘걸."
"그때 그 회사를 그만두고 전직을 했어야 하는데."
"그때 돈을 빌려서라도 집을 샀어야 하는데."
"그때 차라리 창업을 할걸."
"그때 나혼자 생각하지 말고 자문을 받아 결정했어야 하는데."
"그때 노후를 위해 준비를 할걸."

그때, 그때, 그때…….

인생은 선택의 연속이고, 후회할 일도 많고, 반대로 그러길 잘했다고 생각하는 경우도 많다.

『죽을 때 후회하는 스물 다섯가지』라는 책이 있다. 말기 환자의 고통을 덜어주는 호스피스 전문 의사 오츠 슈이치의 저서로 수많은 죽음을 목격하고 그들이 후회하는 마지막 이야기들을 정리한 책이다. 그 중에 「진짜 하고 싶었던 일을 했더라면」이라는 두 번째 후회가 있다.

중견직장인이여, 이제 진지하게 '삶의 자세'를 한번 돌아보라.

이제부터의 자기의 성공모습을 그려놓고, 후반기 삶의 방향, 삶의 의미, 삶의 가치를 재설정하고 그 기준에 맞게 자기가 하고 싶었던 일, 해보고 싶었던 일을 선택해야 한다.

스티븐 코비의 『성공하는 사람들의 7가지 습관』이 많은 사람들에게 큰 공감을 주었는데, 그 7가지 습관 중 첫 번째가 「자신의 삶을 주도하라」다. 인생의 코스를 스스로 선택해야 하고, 자신이 할 수 없는 일에 집착하기보다는, 할 수 있는 일, 하고 싶은 일에 집중하며 자신의 선택과 그 결과에 책임을 지라고 이야기한다. 태어나고 죽는 것만은 본인이 마음대로 할 수 없지만 태어나서 죽을 때까지 끊임없이 자기 마음대로 선택을 해 왔고, 앞으로도 계속 선택해 가야 한다. 저자는 60세가 되던 해에 한국에 진출한 일본기업 대표이사 자리를 스스로 물러났다.

"이제까지 너무 열심히 살았다. 열심히 공부했고, 모범 직장인으로, 모범 사회인으로, 모범 가장으로 살았다. 그런데 나만의 시간이 많이 없었다. 너무 오래 넥타이 매고 실적에 매달렸다. 이제부터는 나를 위한 인생을 살아보자. 내 인생의 주인공은 나다. 내가 나를 사랑하지 않으면, 내가 스스로 내 인생의 내면의 소리를 들어 주지 않으면 누가 나를 사랑하고, 누가 내 이야기를 진정으로 들어준단 말인가? 이제 매일 출근하는 일은 그만두고 나를 위한 삶, 내가 원하는 삶을 살자."

60세에 그렇게 직장을 떠나 프리랜서로 활동하기 시작했다. 강연, 기업 자문으로 일하기 시작했다. 그래서 가장 많이 얻은 것은 자유였다. 일하고 싶을 때 일하고 여행하고 싶을 때 여행하고, 모든 스케줄을 마음대로 짤 수가 있었다.

한국에 진출해 있는 일본기업을 대상으로 한일간의 기업문화, 조직문화로 힘들어하는 일본인 관리자들과 그 회사에 근무하는 한국인 사원들을 대상으로 심리상담, 커리어상담과 자문활동을 우선으로 하였다.

그렇게 만족스런 10년을 보냈고 70세가 넘은 지금도 자문활동, 상담활동, 강연 등을 계속하고 있다. 100% 원하는 대로 살아오지는 못했지만 **그래도 인생 70을 돌이켜보면 여러 선택의 기로에서, 저자가 중심이고, 가족이 중심이었다.** 세상에서 일반적으로 말하는 그런 큰 성공, 높은 지위에는 오르지 못했지만 더 이상 좋은 선택은 없었다고 자평하며 활동하고 있다.

"선생님, 자기 마음대로 선택을 해왔다고 하셨는데, 자기 마음대로 선택을 하지 못하는 경우도 많지 않습니까? 예를 들어 가고 싶은 대학이 있는데 부모의 반대로 못 간 경우도 있고, 배우자도 부모의 반대로 좋아하는 사람을 선택하지 못한 경우도 있습니다."

"그렇지요. 그럴 수도 있겠어요. 그때 부모가 반대만 하지 않으셨으면이라고 생각하실 수 있습니다. 그런데 가만히 생각해 보십시오, 부모의 반대를 뿌리치고 결혼하거나 원하는 대학을 간 사람도 많습니다. 결국은 부모의 반대를 뿌리칠 것인가 아닌가를 저울질하다가 그 시점에서는 따르는 것이 좋겠다고 판단하고 따르기를 선택한 것이지요. 자기 선택이었습니다."

철학자 사르트르가 인간 실존에 대해 "**삶은 B(Birth)와 D(Death) 사이의 C(Choice)이다.**"라고 한 것은 우리 삶이 끝없는 선택의 연속임을 말하는 것이다. 우리는 그동안 계속 선택해온 결과로 지금의 자리에 서 있는데, 이제 또 인생의 중요한 기로에서 남은 인생을 결정지으려 하고 있다.

» 이제부터 어떤 삶을 살아갈까.
» 이 회사에서 버티면서 후일을 기약할까.
» 사표 내고 전직할까.
» 차라리 창업을 할까, 귀농을 할까.
» 최선의 선택은 과연 무엇일까.

미국의 심리학자 윌리엄 글래서William Glasser 박사는 「선택이론Choice Theory」과 「현실요법Reality Therapy」에서 인간의 모든 행동 선택은 태생적으로 주어진 다섯 가지 기본 욕구 중에서 하나나 그 이상을 충족시키기 위해 그때 그 상황에서 선택한 최상의 시도라고 보았다.

글래서 박사가 이야기한 인간의 다섯가지 욕구란 아래와 같다.

» 생존의 욕구Survival need
» 즐거움에 대한 욕구Fun need
» 자유에 대한 욕구Freedom need
» 소속과 사랑의 욕구Belonging need
» 힘과 성취에 대한 욕구Power need

생존의 욕구는 기본적인 욕구다. 나머지는 선택할 수 있다. 그때그때 각자 처한 환경에서 자기를 지배하는 욕구에 따라 선택한다. 실직을 한 사람 중에도 경제적 여유가 있는 사람과 경제적 여유가 없는 사람의 선택이 달라진다. 실직을 하여 당장 돈이 급한 사람은 어디든지 빨리 취업을 하여 생존의 욕구부터 해결해야 한다. 생존에 대한 욕구가 우선적인 선택이다. 그 다음의 선택은 각자의 자유다. 저자와 같이 자유를 선택하는 사람도 있고, 나이들어서도 높은 지위와 명예를 꾸준히 추구하는 사람도 있으며, 여행이나 취미 등 즐거움을 더 추구하는 사람도 있다.

매슬로우A.H. Maslow는 인간의 욕구를 5단계로 나누고 1단계를 충족시켜야 다음의 2단계의 욕구가 생긴다고 보았다.

» 1단계 : 생존의 욕구
» 2단계 : 안전의 욕구
» 3단계 : 소속과 애정의 욕구
» 4단계 : 존경의 욕구
» 5단계 : 자아실현의 욕구

글래서 박사와 같이 생존의 욕구가 가장 기본적인 욕구다. 생존의 욕구가 충족되어야 다음 단계의 욕구가 생기는 것이다. 생존의 욕구가 충족된 사람들은 다양한 선택지가 있다. 예를 들어 남의 지시나 환경에 구애받지 않고 하고싶은 일을 해 보아야지 하고 창업을 하거나 프리랜서의 길을 가는 것은 자유에 대한 욕구가 우선적인 선택이다. 꼭 이 회사에서 계속 노력하여 CEO가 되어야지, 이제는 정치를 해보아야지 하는 것은 힘과 성취에 대한 욕구가 우선된 선택이다.

이제부터 자신의 욕구, 바람직한 삶의 모습, 삶의 가치 등을 고려하여 후반기 삶의 계획과 목표를 설정하고, 거기에 합당한 선택을 해야 한다.

청년기에는 실패하면 또 도전하면 된다. 그러나 중년기에는 다시 실패하면 재기가 어렵다. 그 선택의 결과에 따라 기쁨과 후회가 따른다. 누구 탓도 할 수 없는 자기 선택의 결과가 따른다. **20년 후, 30년 후의 자기**

가 오늘의 자기에게 "그때 그 선택을 잘 했어." 하고 스스로에게 칭찬할 수 있는 그런 선택을 지금 해야 한다.

"선생님, 참 인생은 알다가도 모를 일입니다. 제 친구는 평소 직장생활이 체질에 맞지 않다며 설렁설렁 다녔어요. 그러니 진급도 늦어져 창피하다며 '에이, 일찍 회사 그만 두고 창업해야지' 하고 입버릇처럼 말했어요. 그 친구는 10여 년 전 명퇴금 많이 줄 시절 진작에 퇴직하여 남한강 강변의 별볼일없는 땅을 싸게 구입하여 조그만 카페를 시작하였어요. 그림이 있고, 음악이 있는 카페, 내방객들이 조용히 쉴 수 있는 카페를 오픈하였는데 틈날 때마다 주변에 나무와 들풀을 심고 가꾸어서 지금은 아름다운 꽃길 산책로가 조성되었어요. 얼마전 만나보았더니 아주 행복한 표정이었습니다. 직장 다닐 때는 진급에도 밀리고, 만날 때마다 집어치우겠다고 하더니 이제는 우리가 부러워하는 삶을 살고 있습니다. 지금 생각하니 그 친구의 그때 선택은 아주 훌륭한 선택이었습니다. **역시 사람은 자기에게 맞는 길이 있는가 봅니다.**"

"진작 진로를 바꾼 친구가 부러우셨군요."

"예, 솔직히 부러웠습니다. 샐러리맨으로 몇 년 더 버틴다고 남은 인생이 잘 해결되는 것도 아니고."

"그 친구는 조직속에서 지시받아 하는 일보다는 적성에 맞는 일을 찾아 창업하는 것이 더 좋았던 것 같아요. 그런 친구가 직장생활하면서 얼마나 마음 고생이 많았겠어요."

회사가 경영이 어려워졌거나, 회사의 일이 흥미가 없어지거나, 원치 않은 퇴직을 당하였을 때, 또 다른 직장을 찾아 취업하는 것만이 해결책은 아닐 경우가 많다. 그 직장도 또 몇 년 후면 어차피 또 나와야 할테니까. 그래서 조금이라도 더 젊을 때 직장인의 옷을 벗고 전혀 다른 방향으로 진로를 바꾸는 그런 선택도 현명한 방법일 수 있다.

그렇다고 아무나 사표 내고 창업한다고 다 성공하지는 않는다. 준비와 노력과 운도 따라야 한다. 인생이란 계획대로 설계한대로 잘 가는 것만은 아니다. '나의 의지, 나의 의도'와는 전혀 상관 없는 외부여건, 환경변화 들이 설계도를 수정하게 만드는 일이 왕왕 벌어진다. 그런 큰 변화를 감지하거나, 변화가 닥쳤을 때 어떤 선택을 하느냐가 그 후 인생을 다시 크게 바꾸게 된다.

선택의 기로에서 깊이 자기를 돌아보고, 분석하여 진정한 자기 모습을 발견하고, 주변 사람과 상의하고, 전문가나 멘토를 찾아가서 자문도 받아보고, 정보자료도 검색하고, 그래서 최선의 선택을 해야 한다. 이제부터 남아 있는 긴 인생 여정, 시야를 조금 더 멀리 두고 진로를 선택해야 한다.

이제부터 새로운 인생 그림을 그려야 한다. 잘 디자인하고 행동에 옮겨 새로운 출발을 해야 한다.

KBS 인간극장 5부작에 나오는 이야기가 생각난다. 92세 할머니 화가 이야기다. 아들과 둘이 사는데 너무 시간이 많고 삶이 지루해 화가 아들을 따라 그림을 시작하고 전시회도 하는 스토리다. 90세가 넘은 할머니도 아무 일 없는 인생이 너무 지루하다고 하는데, 그보다 젊다면 아무리 경제적으로 여유가 있다 하더라도 놀 수는 없는 것이다.

오래 일할 수 있는 분야, 자신이 하고 싶은 분야를 선택하여 새로운 인생을 설계해 보라.

2   선택의 7가지 마음자세

선택의 중요성과, 플랜 그리고 행동으로 옮겨야 하는 중요성에 대해 설명했다. 이제 그렇게 중요한 선택을 함에 있어 가져야 할 마음자세다.

첫째, 급할수록 한 템포 쉬어가라

앞에서 언급한 사례다. 친구가 본의 아닌 음해사건에 휘말려 사표를 제출하고 왔을 때, 저자가 "그동안 제대로 휴가도 못 갔으니 이참에 한 3개월 정도 좋아하는 낚시를 하며 자기를 돌아보고 다음 스텝을 생각해보면 좋겠어." 하고 어드바이스하였고, 그 친구는 정말로 3개월간 낚시여행을 떠났다. 3개월 후 더 이상 직장생활하지 않겠다고 하면서 창업 아이템을 선정해 어떠냐고 저자에게 상의를 해왔는데 가능성이 있어 보였고, 그렇게 창업 후 승승장구하였다고 소개했다.

그런 어드바이스를 하였던 저자는 정작 사표를 내고 곧바로 창업을 하여 큰 실패를 하고 말았다. 실직하여 당황한 나머지 바로 아무것이나 선택하면 몇 년 후 또 다시 실패나 좌절을 반복할 가능성이 크다. 준비 없이 서둘러 창업을 하면 더 큰 낭패를 당한다. 어려움에 봉착하더라도 한 템포 쉬어가며 차분히 생각하고 준비해가야 한다.

둘째, 긍정적 마음자세를 갖는 것으로부터 시작하라

커리어컨설팅을 하면서 "그게 잘 되겠어요? 지금 이 나이에, 그런 일을 어떻게 해요." 하고 부정적인 사고로 접근하는 사람들을 본다.

"그렇게 해보겠습니다. 그렇게 하면 가능성이 보이겠어요."와 같이 긍정적사고를 하는 것은 모든 성공의 시작이다. 낙심하는 실직자들을 상담할 때 컨설턴트들이 우선적으로 하는 것은 "잘될 것이다." 하는 긍정적인 사고를 갖도록 심리상담을 하는 것이다. 재취업이나 창업 등을 할 때 가장 무서운 적은 바로 본인 마음속에 있다. '잘 안 될지 몰라, 어려울 거야.' 하는 마음이 가장 큰 적이다. 실패하는 경우만 먼저 눈에 띄는 사람과, 성공하는 경우가 먼저 눈에 띄는 사람은 그 결과에 너무 큰 차이가 난다. 긍정마인드가 생기면 적극적으로 재취업이나 창업 등의 의욕이 생기고 길은 얼마든지 찾을 수 있다. 그런 마음이 들도록 돕는 것이 심리상담이다.

셋째, 자신의 내면에서 나오는 소리에 귀 기울이라

어릴 때의 꿈, 청소년기의 바램, 그리고 직장생활을 하며 의식중, 무의식중에 자신이 하고 싶은 일, 꿈을 생각해 보고 나서 정하면 좋다. 쉽게 현실적응이나 현실타협을 하기 전에 진정한 마음의 끌림을 생각해 보는 것이다. 자기가 원하는 일, 자기가 원하는 분야의 일을 할 때 비록 물질적 수입은 적어도 행복감을 느낄 수 있고, 정열적으로 오래 해나갈 수 있기 때문이다.

카이스트 윤태성 교수의 『한 번은 원하는 인생을 살아라』라는 저서의 제목은 아주 시사점이 크다. 저자는 교수의 길을 걷지 못한 것이 마음깊이 한恨으로 남아 있었다. 뜻이 있으면 길이 있다고, 교육사업을 시작하고, 강연이나 강의를 다니면서 훨훨 날았다. 지금도 컨설팅, 카운슬링, 경영지도활동을 하나 강연도 하는 것이 저자가 원하는 길이어서 나이 들어서도 아주 만족스럽게 활동하고 있다.

네번째, 자신의 재무분석, 경제환경을 고려하여 결정하라

아무리 하고싶은 일이라도 경제적인 뒷받침이 여유롭지 않으면 실패할 확률이 높다. 반대로 경제적 여유가 있으면, 이 기회에 새로운 도전을 해보는 것도 좋다. 제❷장에서 언급한 재무상황분석, 재무설계는 중요한 요소다. 재무분석을 하여 확신이 서면 "한 번은 원하는 인생을 살아보자, 자기 자신을 위한 인생을 살아보자." 하는 생각으로 전직, 창업, 기타 제3의길에 도전을 해볼 수 있다. 재무분석은 중년 커리어컨설팅에서 중시하는 요소다.

다섯번째, 자기 착각에서 벗어나라

앞에서도 분석한 자기이해와 자기발견을 다시 한번 생각해 보아야 한다. 자신도 몰랐던 자기를 발견하고, 현실도 직시하여야 한다. 자신의 능력을 객관적으로 평가해 보아야 한다. 조직의 힘으로 이룬 일들을 자신의 능력으로 착각하거나 과거 직책이 즉 자신의 실력이다 하는 착각에서도 벗어나야 한다. 그동안 많이 받았던 연봉은 그 조직에서 필요한 자신의 기여도에 따른 보수였을 뿐이고, 새로운 조직에서는 새로운 계산법으로 접근해야 한다.

40대 초중반 나이로 상당한 실력이 있는 경우는 전직·재취업이 비교적 쉬우나 그렇지 못할 경우는 과거의 직책이나 많이 받았던 연봉이나 직책에 집착하면 오히려 재취업, 새 출발에 걸림돌이 된다.

여섯째, 산업구조, 업계 지형변화를 고려하여 결정하라

저출산 고령화의 물결이 미치는 영향, 4차산업의 영향으로 크게 달라질 산업계 지도의 변화에도 예의 주시해야 한다. 당장 취업을 해서 좋아했더니 얼마 후 없어질 분야라면 지금의 선택이 큰 화가 될 수도 있기 때문이다. 기차나 전철을 탈 때 개찰구에서 검표를 하던 직원이 많았던 때가 있었지만 IT산업의 발달로 이제는 옛날 이야기가 되었다. 배불뚝이 TV가 사라지고, 전기자동차가 많이 보급되면 자동차 엔진 등 내연기관의 종사자들이 직장을 잃게 된다. 요즈음은 길거리를 다니다 보면 무수히 많은 카메라가 우리를 지켜보고 있다. 그 바람에 도둑들마저 변화속에서 직업을 잃고 있다.

앞으로 4~5년만 더 직장생활하려 한다면 문제가 없으나 지금 40대나 50대 초반의 분들은 20년 이상은 더 직장생활, 직업생활을 해야 하므로 산업지형의 변화는 직업, 직장선택에 아주 중요한 요소다.

2016년 1월 세계경제포럼은 「직업의 미래 The Future of Jobs」에서 현재 초등학교 학생들의 65%는 지금은 존재하지 않는 직업에 종사할 것이라고 예측하였다.

이것이 어린이에게만 해당될까. 지금 40~50대의 10년, 15년 후의 미래의 일이다. 세계경제포럼의 이야기는 앞으로 최소한 10~20년 직업활동을 해야 하는 이들의 이야기기도 하다.

한국고용정보원에서 발행한 미래를 함께할 새로운 직업을 참고하면서 새로운 직업을 스스로 만들어 가는 창직 안내 등은 큰 도움이 되는 자료다.

일곱째, 멀리 보고 정하라

하버드대학교 에드워드 밴 필드 박사는 50여 년간의 연구결과를 통해 성공, 행복, 성격을 결정짓는 핵심요인은 시간 전망 time perspective이라고 밝혔다. 얼마나 먼 미래까지 영향을 고려하며 결정을 하는가 하는 것이다.

눈앞의 당장 급한 불을 끄는 것도 물론 중요하지만 장기목표, 긴 인생의 관점에서 생각하고 결정해야 한다. 45세의 퇴직자가 어느 조직에 재취업해서 10년을 근무한다 해도 55세밖에 되지 않고 그 후 20년 이상의 사회활동 기간이 아직 남아 있기 때문이다. 55세쯤 다시 그 직장을 그만두게 되면 그때는 또 어떻게 할 것인가를 고려하여 지금의 선택을 해야 한다.

50대, 60대, 70대, 80대 나는 어떻게 살아야 할까. 그때의 자신을 모습을 그려보고 지금의 여러 선택을 해가야 한다.

어느날 택시를 타고가다가 60대의 기사와 이야기를 나누었다. 그 기사는 공무원으로 정년퇴직하고, 자녀도 잘 성장하여 좋은 직장에 다닌다고 했다. 그런데 퇴직하고 1년 정도 놀아보니까 정말 미칠 지경이었다고 했다. 여행이나 등산을 매일 다닐 수도 없었다고 했다. 그래서 개인택시를 하기로 마음 먹고 준비하여 기사 3년차라고 했다. 수입에 연연하지 않고 운전을 하면서 많은 사람과 대화도 하는 지금이 너무나 행복하다고 했다.

건강수명이 길어질수록 무언가 하지 않으면 무료함, 지루함과 싸우는 고통기간이 오래 이어질 것이다. 남은 인생의 새로운 그림을 다시 그려보고 자기에게 맞는 선택을 하여 새로운 출발을 해야 한다.

3   최선의 선택을 위한 상황정리

"선생님 저는 지금의 회사를 그만두고 다른 회사로 옮길 것을 염두에 두고 전직의 노하우를 배우러 세미나에 참석했습니다. 그런데 급하게 회사를 옮길 것이 아니라 회사생활을 계속하면서 몇 년 후 창업을 염두에 두고 준비해 가야겠다는 생각이 들었습니다."

"선생님, 저는 사정상 빨리 재취업해야 합니다. 좋은 재취업 직장을 선택하는 노하우를 배우고 싶습니다. 그렇지만 지금까지 말씀하신 대로 자신의 삶의 목표와 재취업의 의미를 확인하고 나서, 재취업하는 분야와 회사를 정하여 재취업하면 새로 선택한 직장생활도 더 충실히 할 수 있을 것 같다는 생각이 들었습니다. 새로 선택한 직장도 또 언젠가는 그만두게 되겠지만 장기적인 시야에서 그 다음을 준비해 나갈 수 있을 것 같다는 생각이 들었습니다. 감사합니다."

"선생님, 저는 빨리 재취업을 해야 한다는 조급한 마음에 '아무 데나 취업만 하면 성공이다,' 생각하고 그 방법을 배우러 세미나에 참석했는데 재취업의 노하우부터 빨리 가르쳐주지 않으셔서 내심 불만이 많았습니다. 그런데 삶이 생각보다 길게 남았다는 것을 느끼면서 당장 재취업만 서두르는 것이 능사가 아니구나, 긴 시야에서 현명한 선택을 해가야겠다는 생각이 들었습니다."

"선생님, 저는 커리어컨설턴트로 활동하려고 세미나에 참석했는데, 전직·재취업의 지도 스킬만 가지고 직장인들을 가이드해서는 안 되겠다는 생각이 들었습니다. 재취업을 많이 시키는 실적만이 중요한 것이 아니라 내담자의 진정한 행복을 위한 길이 무엇인지 고려해가면서 가이드해 가야겠다는 귀한 가르침을 받았습니다. 계속 배워 가겠습니다."

전직·재취업을 할 때도 적성과 능력을 고려하여 후회 없는 직종과 직장을 선택하라. 전직·재취업만이 정녕 답인가라는 점도 염두에 두면서, 지금 이 회사에서 어떤 자세로 남은 직장생활을 해야 하는지, 지금은 어쩔 수 없이 전직하지만 그 다음에는 진정 바라는 일을 하기 위해 어떤 자세로 일해야 하며 어떤 준비를 해가야 하는가를 염두에 두는 것이 중요하다.

그러면 호흡을 가다듬고 다음 페이지의 자기상황정리표에 지금까지의 진단결과와 자신의 생각 등을 정리해보라.

자기상황정리표

● 희망사항	

상황분석

● 회사상황	
● 경기상황	
● 업계, 고용환경	
● 나이, 건강	
● 가족상황, 지지	
● 재정상황	
● 기타상황	

자기발견

● 능력, 스킬	
● 경력, 업적	
● 자격증, 기타	
● 성격특성	
● 직업적성	
● 생활사	
● 직업가치관	
● 인맥, 기타	
● 진정 원하는 것	

SWOT 분석

● 강점	
● 약점	
● 기회	
● 위기	

4   이제는 선택의 시간

그러면 앞에서 작성한 자기상황정리표를 바탕으로 지금부터 다음 페이지 도표의 A, S, B, C, D, E 중 한가지 길을 선택을 해 보겠다. 인생 후반, 이번에야말로 '나를 위한 일, 내가 원하는 일'을 찾으면 평생 현역으로 살아갈 수 있으며 나머지 30년의 삶이 바뀔 것이다. 몇살까지 일할 것인가는 본인이 선택하는 시대가 왔다. 심사숙고하여 길을 선택해 보라.

지금의 회사에서 조금 더 근무하면서 자기를 업그레이드하는 방법도 좋고, 방향을 선회하여 전직·재취업, 창업 등의 길을 갈 수도 있다. 지금의 회사에서 조금 더 근무를 하면서 경력이나 경험을 쌓더라도 결국은 얼마 후 떠나야 하는 곳이므로 아래 설명하는 여러 선택지를 염두에 두고 직장생활을 계속하면 크게 도움이 될 것이다.

A코스는 지금 회사를 퇴직한 후 바로 전직이나 재취업을 하는 선택이다. 다음 경우가 이에 해당된다.

» 능력, 경력이 풍부한 이 중, 더 좋은 조건으로 전직하는 경우
» 본인의 의사와 관계없이 퇴직해야 할 처지에 있는 직장인들이나 이미 퇴직이 확정된 이 중 아직은 상당기간 직장생활을 더해야 하는 이들의 선택이다.

S코스는 자신의 꿈과 희망을 실현하기 위한 전직, 전업 등 목표를 정하였으나 지금 당장은 능력이 부족하여 준비를 더해야 하는 이들이나 당

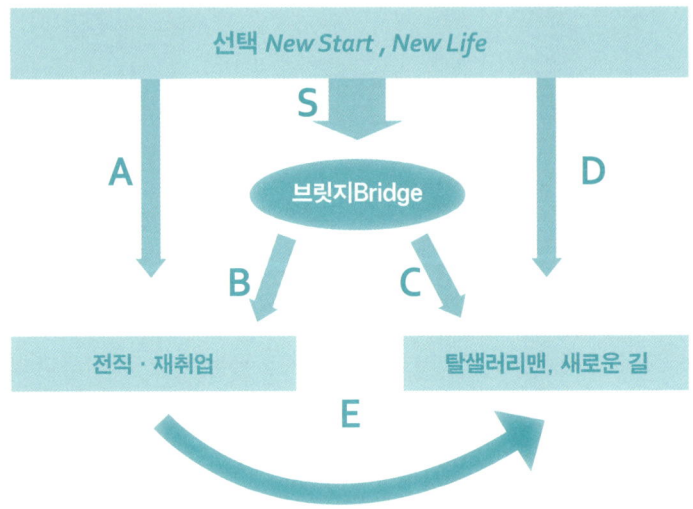

분간은 현재 직장에서 커리어업 플랜을 준비하고 현 직장에서 부문이동 등으로 경력과 경험을 쌓는 것이 좋다고 판단한 이들의 잠정적인 선택이다. 일단 지금 능력으로 가능한 직장에 재취업하거나, 부문을 옮기는 등 후일 B코스나 C코스 선택을 위한 준비를 하기 위한 단계이다.

B코스는 본인이 원하는 직장에 취업을 위해 S코스를 거치면서 와신상담하며 경험, 능력, 자격증 등으로 자신을 UP-Grade한 후 원하는 타겟기업으로 전직하는 코스다.

C코스는 잠정적으로 S코스를 거치면서 창업이나 귀농귀어 등을 위해 철저한 사전준비를 마치고 탈직장하여 새로운 길을 선택하는 것이다.

D코스는 이번의 상황변화를 계기로, 탈샐러리맨을 결심하고 평소에 하고 싶었던 일, 직장을 다니면서 준비해 왔던 창업이나 귀농귀어 등 제3의 새로운 길을 바로 선택하는 코스다.

E코스는 전직·재취업 생활을 성공적으로 마친 이들이 이제는 본인이 진정으로 원하는 일을 선택하는 경우다. 창업, 귀농, 사회봉사, 귀촌, 은퇴생활 등 여러 선택지가 있다.

지금부터 자신이 선택한 A, S, B, C, D에 대해서 그 이유를 써 보라.

④ 전직·재취업의 성공을 위하여

```
Career Consulting Process    Employee Assistant Program
```

┌─────────────────────────────────────┐
│   기로의 4050, 변화의 탐색   │
└─────────────────────────────────────┘
                    ⇩

┌──────┬──────────────────────────────┐
│   │ 상황분석 (고용환경, 사회변화, 나이, 재무상황, 가족 상황, 건강) │
│ 자기 ├──────────────────────────────┤
│ 발견 │ 가치분석 (능력, 경력, 업적, 전문성, 자격증, 직업역량, 발전성 등) │
│   ├──────────────────────────────┤
│   │ 특성분석 (직업적성, 성격특성, 생활사, 가치관, 커리어앵커) │
└──────┴──────────────────────────────┘
                    ⇩

┌─────────────────────────────────────┐
│   선택 New Start , New Life   │
└─────────────────────────────────────┘

         A   S   D
                  ⇩
              (브릿지Bridge)
             B   C

┌───────────────────┐   ┌───────────────────┐
│   전직 · 재취업   │   │ 탈샐러리맨, 새로운 길 │
├───────────────────┤   E   ├───────────────────┤
│ 1. 동일업종, 이업종 │   ⇒   │ 1. 창업, 창직   │
│ 2. 동일직종, 이직종 │   │ 2. 귀농, 귀어, 귀촌   │
│ 3. 중소기업 벤쳐기업 │   │ 3. 사회적기업, 해외취업│
│ 4. 해외취업, 기타   │   │ 4. 사회봉사의 길, 은퇴 │
└───────────────────┘   └───────────────────┘
          ⇩   ⇩
┌───────────────────┐   ┌───────────────────┐
│ Target 분야 설정, 기업 탐색 │   │ 각 분야 기본지식과 정보 │
│   구직활동 방법   │   │ 전문 지원기관, 교육기관│
│ 이력서, 경력서, 면접   │   │   성공 사례 학습   │
│ 새 출발의 성공자세   │   │ 사전준비와 성공포인트 │
└───────────────────┘   └───────────────────┘
                    ⇩
┌─────────────────────────────────────┐
│   4050, New Start 성공을 향하여   │
└─────────────────────────────────────┘

1 전직·재취업의 성공 사례에서 배우는 힌트

지난 chapter에서 처한 상황을 정리해 보았고 자신의 강약점SWOT도 정리해 보았다. 그런 종합적인 자기분석을 마친 결과, A코스(전직·재취업)를 **선택한 이들은** 이제부터 구체적으로 전직·재취업에 관해 방법을 학습해보라.

» 어떤 업종을 선택할까.
» 그 업종의 인재시장 상황은 어떤가.
» 어떤 분야가 좋을까.
» 어떤 기업을 타겟으로 할까.
» 어떤 조건으로 전직·재취업하면 좋을까.
» 어떻게 무슨 준비를 해야 하는가.

중견직장인들이 이번에 전직·재취업을 할 때는 남은 20~30년의 긴 활동기간을 고려하여, 이제부터 자기가 하고 싶은 일, 자기에게 의미있는 일을 찾아야 한다. 몇 년 후 그 기업을 그만두더라도 **그후의 커리어에 연결되는 그런 직장, 그런 일을 선택하는게 좋다.**

사례1 중소기업의 관리임원으로 재취업

"대기업 그룹사에서 관리담당 이사로 퇴직을 하였다. 처음에는 쉽게 재취업될 것으로 생각하고 여러 군데 이력서를 내보았으나 본인이 처음 생각한 것처럼 쉽게 직장을 구할 수가 없었다. 그래서 새로운 시도를 해보기로 하였다. 인사컨설턴트 자격증을 획득하고 인사분야와 본인의 전문분야인 회계 일까지 다양하게 제안하면 중견기업의 관리임원으로 취직할 수 있을 것이라 생각했다. 그러나 그 역시 잘 되지 않았다. 그 다음은 경영지도사 자격증에 1년 정도 시간을 투자하여 자격증을 취득하였지만 자격증만으로는 취업은 잘 되지 않았다. 그렇게 마음 고생을 하던중에 소상공인협회에서 경영지도사들이 자영업자들을 지원하는 프로그램이 있다는 이야기를 듣고 참여하였다. 몇군데 중소기업들을 지도하기 시작하면서 점차 경력이 쌓여갔다. 그렇게 활동중에 어느 중소기업에서 경영지도를 잘한다는 소문을 듣고 함께 일하자는 제안을 해왔다. 지금은 그 회사의 관리임원으로 재취업하여 일하고 있다. 그 회사에서 성공경력을 쌓아 앞으로 전문 경영컨설턴트로 활동할 계획이다."

위 사례에서 우리가 배우는 포인트는

1. 대기업 중역 출신이라도 중견기업에 쉽게 취업이 되지 않는다는 것이다.
2. 많은 퇴직자들이 목표를 설정하지 않고 우선 이것저것 자격증을 따는데, 우선 커리어 방향을 설정하고, 거기에 맞는 자격증을 취득해야 한다는 점이다.
3. 고생끝에 재취업할 수 있었던 요인은 포기하지 않고 계속 노력을 하였으며 작은 기회에도 성실히 임하면서 주위에서 능력을 인정받았기 때문이다. 처음부터 지금 재취업한 회사에 이력서 들고 갔으면, 능력을 잘 알 수 없으므로 어려웠을 것이다.
4. 취업의 기회는 그 기업이 채용공고를 내고, 사람을 공모할 때만 있는

것이 아니라는 점이다.

사례2 주차관리소장으로 재취업

"대기업에서 25년간 생산현장에서 근무하다가 50대 중반에 관리부장으로 정년 퇴직했다. 퇴직 후 여기저기 일자리를 수소문하다가 1년이 지나자 지치고 낙심하던 차에 지인의 소개와 추천으로 대형 쇼핑몰의 주차관리요원으로 취업했다. 대기업의 관리부장 출신이 주차관리요원으로 취업하기란 선뜻 받아들이기 어려운 결정이었지만, 묵묵히 주차관리를 하면서, 대기업 공장의 현장관리 경험을 살려 사람들의 동선과 차량 동선 정비부터 했다. 대기업 현장관리의 기본인 5S운동, 즉 정리, 정돈, 청소, 청결, 습관화를 실시하여 내부고객과 외부고객으로부터 많은 칭찬을 받게 되었다. 3년 후 주차관리 소장으로 승진했다."

위 사례에서 배우는 포인트는

1. 재취업은 주변의 추천이나 소개로 성사되는 경우가 많다는 점이다. 주변의 인맥을 잘 활용하는 것은 매우 중요한 포인트다.
2. 대기업에서 퇴직했는데 아주 하찮게 여기는 일부터 시작하는 용기를 가졌다는 것이다.
3. 대기업에서 익힌 노하우를 작은 현장에서지만 잘 살려 성과를 냈다는 것이다.

사례3 공장장으로 스카웃

대기업 현장관리 중역으로 직장생활하다가 명예퇴직했다. 대기업에서 명퇴하고 나니 재취업이 어려웠다. 할수없이 자기가 잘 아는 품질관리분야 컨설팅을 하기로 마음먹고 활동을 시작했다.

의외로 중소기업은 대기업과 달리 품질관리가 잘 안 되어 문제가 많았다. 한 두 군데 품질분야 컨설팅을 하면서 대기업에서 경험한 각종 기법을 직접 적용하여 품질개선 성과를 올리기 시작했다. 그러던 중 어느 정밀 금형을 제작하는 기업에서 품질관리를 지도하면서, 공구 보관관리부터 시작하여 사소한 부분까지 세심한 지도를 했다. 그런 활동을 하는 사이에 현장 사원들과도 관계가 좋아졌다. 자연히 그 회사 CEO와 공장의 품질관리 현장 관리에 대한 의견을 나눌 기회가 있었는데 그 친구의 컨설팅 내용과 실제 현장에서 나타나는 품질개선 성과를 확인한 CEO가 그를 공장장으로 스카웃했다.

위 사례에서 배우는 포인트는
1. 자기가 잘 아는 분야에서 가능성을 찾으려 노력한 점이다.
2. 작은 일이라도 성실하게 임하며, 능력을 성과로 나타냄으로써 CEO로서 인정을 받았다는 점이다.
3. 중소기업의 현장 사람들과 좋은 관계를 구축했다는 점이다.
4. 대기업에서 체계적으로 익힌 관리 능력을 중소기업에서는 많이 필요로 한다. 중소기업들은 대부분 조직적이지 못하고 체계적인 교육도 시킬 여력이 없어 대기업 출신들의 활동 공간이 그만큼 넓다. 대기업에서는 인력이 남아서 고민이지만, 중소기업에서는 좋은 인재를 못 구해서 고민이다.

중소기업 책임자로 영입을 요청받을시 주의해야 할 점

4050 중견직장인은 중소기업에 재취업 확률이 90% 정도다. 대부분은 간부직, 중역, 경우에 따라서는 CEO로 영입되기도 한다. 혹시 전무, 부

사장, CEO 등으로 오퍼를 받으면 얼씨구나 하고 덥석 받지 말고 그 기업의 경영상태, 나를 필요로 하는 이유, 나의 능력 발휘 가능성을 잘 살펴야 한다.

저자와 같이 '커리어컨설팅연구회' 활동을 1년 정도 함께 한 이가 재취업에 성공했다고 하여, 그 자리에 모인 여러 사람이 축하를 했다. 새로 취업이 확정된 기업의 내용을 들어본 저자가 "전임자들은 1년 이상 버티기 힘드셨겠네요." 했더니 깜짝 놀라며, "어떻게 그렇게 잘 아십니까? 사실은 그 포지션에 취업한 전임자 두 사람이 모두 일년을 못 넘기고 사표를 쓰는 바람에 제게 기회가 온 것 같아요." 했다.

그 전임자들은 재취업 성공만 기뻐했지, 그 기업의 상황, 오너의 성격, 자신의 능력과 기여 가능성 등을 종합적으로 고려하여 결정하지 않았기 때문이다. 급한 마음에 서둘러 재취업하면 실패의 가능성이 크므로 각별히 주의해야 한다. 그 기업의 구조와 오너의 성격상 몇 가지만 유의하면 문제가 없을 듯하여 이야기를 나누었다. 재취업에 성공하더라도 많은 공부와 노력이 필요하다.

저자가 대우에서 사표를 내고 나왔을 때 에피소드다. 잘 아는 중소기업 사장이 저자를 찾아와 상의를 하였다. 자기는 이공계 출신으로 공장장겸 기술개발자가 딱 맞는데 삼촌이 회사 오너 회장인데 자기를 사장으로 임명하여 지금까지 몇 년 운영해 왔다고 하면서, 이제 기업도 상장을 하였으니 저자 같은 영업력이 탁월하고, 상과대학 나와 은행관계 일도 잘 할 수 있는 사람이 자기 회사의 대표이사로 와야 한다는 것이었다.

저자가 1년간 도우면서, 간부회의도 참석하고, 회사내용을 충분히 익힌 후에 취임하겠다고 약속을 하고 간부회의에도 여러 번 참석했다.

그런데 찬찬히 살펴보니 그 회사는 기업을 상장시키고 무리하게 확장하는 과정에서 은행차입이 많아진 반면 매출은 생각만큼 늘지 않아 자금 압박이 커지는 상황이었다. 대표이사가 은행 차입의 모든 연대보증 책임이 있던 당시에, 대주주 오너는 주식 상장시 이미 주식으로 큰 돈을 벌었고, 자기는 책임에서 빠져나와 조카에게 책임만 지우고 실질적인 권리만 행사하고 있었다. 그 조카인 이사장이 저자에게 대표이사를 맡기고, 모든 연대보증 책임에서 빠져 나가려고 한 것임을 알았다. 기업내용 등을 파악한 저자는 대표이사직을 수락하지 않았고, 그 다음해 그 기업은 부도가 났다. 그때 덥석 CEO 수락을 했으면 지금 저자는 신용 불량자 신세가 되어 있을 것이다.

혹시 등기 중역으로 전직·재취업을 해야 할 경우에는 그 기업의 내용을 잘 살펴보아야 한다.

2 구직준비도검사 활용

구직자가 구직에 성공하려면 우선 **워크넷의 구직준비도검사**를 받아보고, 스스로 약점의 보완작업을 하거나 커리어컨설턴트의 상담과 지도를 받는게 좋다. 컨설턴트들은 구직자의 구직준비도에 따라 거기에 맞는 적절한 상담과 지도를 할 수 있다.

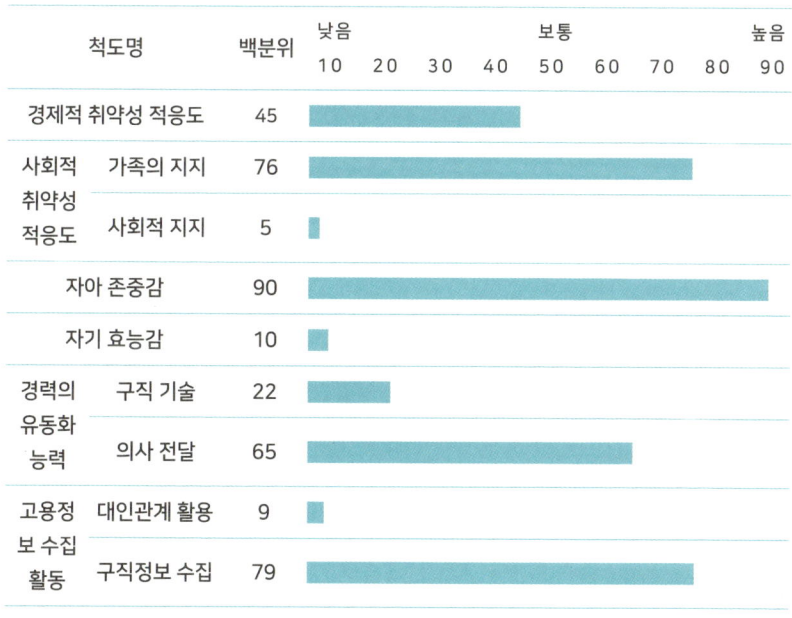

구직준비도검사 결과 사례

위 사례를 보면 경제적 취약성 적응도가 약하여 경제적 스트레스를 받는다. 힘들더라도 경제적 보상이 따르는 곳에 취업을 해야 할 것 같다. 다행히 가족의 지지는 높으나 사회적 지지가 아주 낮은 편이어서 심리적으로 위축된 상태다. 우선적으로 심리상담이 필요하다. 자아존중감은 높으나 자기효능감이 약하여 조금 더 자기분석과 상담을 실시하여 자신감을 회복하고, 자기가 미처 몰랐던 자신의 장점도 찾아 구직활동을 시작해야겠다. 구직기술이나 대인관계활용의 점수가 낮은 점은 커리어컨설턴트나 전직지원전문가의 도움을 받으면 해결된다.

3 전직·재취업의 성공을 위한 마인드 체인지

본의아니게 전직·재취업을 해야 하는 중견직장인들이 전직·재취업 할만한 기업이 없어 어렵다고 한다. 아직 여유가 있다. 덜 급하다는 이야기로 들릴 수도 있다. **일자리가 없는 것이 아니라 자기 마음에 맞는 일자리가 없거나 구직기술이 없는 것이다.**

전직. 재취업을 잘하기 위해서는 다음의 3가지를 유의해야 한다.

첫째는 자신감 부족이나 자신감 과잉을 경계하라.

커리어컨설턴트들이 재취업을 위해 상담을 신청하는 사람들에게 가장 먼저 실시하는 것이 심리상담을 통해 자신감 자존감을 높여주는 것이다. 큰 충격에서 벗어나 재취업을 하려는 의욕이 생기도록 돕는 것이 최우선이다. 성공적 전직·재취업을 위해서는 가장 중요한 것은 마인드 체인지Mind Change다. 자신감을 상실하고 초조해지면 "아무데나 취업이 되는 곳은 어디나 취업하겠습니다." 하는 묻지마 취업을 선택하게 된다.

직장생활 20년 이상 해온 분들은 나름대로 전문성이 어느 정도 있을 것이고 희망하는 업종, 부문, 조건 등의 호불호가 당연히 있을 것이다. 앞으로의 긴 인생을 염두에 두고, 현재 자신의 제반 환경, 능력을 재검토하여 선택을 해야 재취업 후에도 만족도가 높아지고 오래 근무할 수 있다.

과도한 자신감은 더 큰 문제다. 기업의 니즈, 환경과 자신의 나이에 관계없이 지금까지의 연봉, 직책에 연연하고, 자신의 능력을 객관적으로 파악하지 못하면 재취업이 매우 어렵다.

» 제 능력에 이정도 연봉, 이정도 직책은 보장받아야지요.
» 제가 어떻게 그런 회사에 취업하지요?

이런 분들은 나이가 40대 중반 정도라면 몰라도 50대가 되면 상담이 어렵다.

좀더 고생을 하고 현실을 직시하면 그때는 상담이 가능하다. 커리어 컨설턴트들은 과도한 자신감이나, 자신감 상실의 어느 경우든 심리상담을 우선 실시하여 자신감을 회복하게 하거나, 과도한 자신감이 큰 문제라는 점을 스스로 느끼도록 상담한다.

둘째는 전직·재취업에는 자기 주도적 노력이 필수임을 인식하라.

이력서 넣었으니 그냥 기다려보자, 친구한테 부탁했으니 연락 오겠지, 전직지원 전문가와 상의하면 잘 찾아주겠지, 이렇게 남의 일처럼 생각하는 자세로는 곤란하다. 재취업 성공한 사람들은 퇴직 후 일자리를 얻기 위해 스스로의 노력으로 재취업이나 창업 관련 정보를 습득했다는 응답률이 43.2%라는 조사 결과가 있다.

커리어컨설턴트, 전직지원전문가들은 내담자에게 재취업에 필요한 지식을 가르치고, 자기분석 방법, 목표설정, 기업 탐색방법과 정보검색 소스, 교육에 필요한 정보 등을 제공한다. 내담자는 컨설턴트의 가이드와 조언에 따라 자기 주도적으로 기업을 탐색하고, 인맥 등 자원을 활용하고, 정보를 검색해야 한다. 기업도 찾으러 다니고 발품을 팔면서 후보기업을 탐색하고 이력서, 경력서, 면접준비 등도 기업별 맞춤형식으로 준비해야 성공한다.

말을 물가로 데려가지만 물을 먹일 수는 없다. 본인의 목마름 정도가 성패를 좌우하는 큰 요건이다.

셋째는 올바른 구직방법을 배워야겠다는 마음을 가져라.

이미 실직한 경우나 실직이 기정사실화된 사람들, 발등에 불이 떨어진 사람들이 당황해하고 서두르는 나머지 이성적이고 바른 판단을 하기 어렵다. 이런 경우 커리어컨설턴트나 재취업, 전직지원전문가의 도움을 받아 제4장에서 설명할 전직·재취업의 성공 포인트를 충실히 학습하고, 직접 행동에 옮기도록 해야 한다.

올바른 구직방법을 익혀 가능한 한 3개월에서 6개월 이내에는 재취업을 하는 것이 좋다. 느긋하게 생각하여 재취업 시기를 늦추거나, 재취업 방법이 서툴러 여러 군데 이력서 넣고, 떨어지고 또 이력서 넣고 하는 사이에 취업을 1년 이상 하지 못할 경우 재취업 성공 확률이 크게 낮아진다.

아직 실직은 하지 않은 이, 즉 정년을 앞두었거나, 자신이 속한 회사나 분야가 전망이 어두워져 타분야나 타사로 옮기려는 이는 여유를 가지고 철저히 조사하고 준비를 하면, 자기에게 맞는 기업을 서칭하여 재취업에 성공할 수 있다.

위 세 가지 모두 전직·재취업의 마인드와 자세에 대한 이야기였다.

» 나이가 많아서라고 지레 포기하지 말고 차분하게 재취업을 검토해야 한다.
» 자격증, 어학능력, 기타 능력이 부족함을 실감하는 내담자도 그 능력에 맞는 회사 등을 찾을 수 있다. 또 능력을 보완하기 위해서 필요한 교육기관을 찾고, 부족한 능력을 보완하면 된다.
» 서둘러 재취업할 수도 있지만, 장기적인 관점에서 라이프플랜을 세우고, 그 방향에 맞게 전직·재취업을 준비하면 더 좋다.

4 기업의 중도채용 이유와 프로세스

구직활동을 하는 사람들은 기업의 구인 니즈와 구인 프로세스를 이해해야 한다. 기업은 구직자에게는 고객이고 구직자는 자기를 파는 세일즈맨과 같은 입장이다. 여러 가지 세일즈 지식과 기술이 필요하다. 아무나 훌륭한 세일즈맨이 될 수 없는 것과 마찬가지다.

목표기업에 자기를 세일즈할 때는,
» 목표기업이 어떤 상황에서 인재를 필요로 하는지,
» 목표기업이 어떤 분야의 어떤 능력의 인재를 필요로 하는지를

파악하여 본인의 어떤 능력과 어떤 역할이 해당기업의 상황과 니즈에 맞는지, 입사하면 어떤 성과를 낼 수 있는지를 요약하여 제안해야 한다. 기업의 상황과 니즈를 정확히 모르는 상태에서 "나는 이런 사람입니다." 하고 이력서, 경력서 자기소개서를 제출하면 실패만 거듭할 뿐이고, 실패를 거듭하다 보면 자신감을 상실하고 구직을 포기하게 된다.

기업들이 인재를 중도 채용하는 경우는,
» 사업성장으로 인한 인재 부족
» 기술발전, 기타 사유로 내부 인적자원으로 대응이 어려울 때
» 신규사업 진출시
» 기존직원의 퇴사 등으로 인한 충원 필요시
» 해외진출 등의 필요성에 따라 인재를 필요로 하는데

주로 영업력이 있는 인재, 기술력이 있는 인재, 관리력이 있는

인재, 기타 자금조달력, 인맥활용의 필요성 등 기업 현안해결을 위해 채용한다.

구직자는 타겟기업의 상황에 맞게 경력서와 자기소개서를 작성하고, 면접준비도 해야 한다.

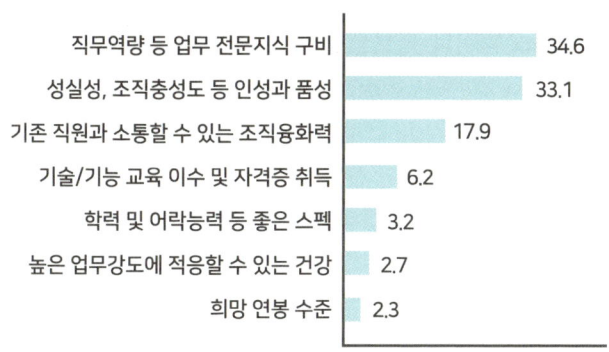

경력직 채용시 중점 고려사항

단위: 응답률 %
2016년 중소중년기업의 채용계획 및 중장년 채용인식 실태조사
2016, 전경련중소기업협력센터

5   타겟기업 선택의 전제조건

이력서를 200통이나 써보냈는데 소식이 없다는 이야기를 하는 분을 본 적이 있다. 불특정 다수 기업을 무작정 대상으로 하여 구직활동을 하면 힘만 들고 성공율이 낮다. 모든 조건이 다 마음에 드는 기업을 찾기는 어렵다. 어느 정도 타겟 범위를 좁혀서 기업을 선택해야 서칭의 효율도 높아지고 재취업 후 만족도가 높아진다. 또 몇 년 후 그 기업 퇴직할 때 다음 커리어 설계로 잘 이어질 수 있다.

기존산업분야와 신성장분야, 어떤 곳을 갈지 선택하라.

40대 중반의 사람들은 단기간 근무를 선택하는 것이 아닌 20년 정도의 직업활동을 염두에 두어야 하므로 산업의 구조변화를 잘 살펴야 한다. 4차산업혁명이 진전되면서 산업현장의 기술혁신으로 인해 산업별, 직업별 고용구조 자체가 크게 변할 것이다. 새로 뜨는 분야와 10년 내로 사라질 분야를 잘 살피는 것도 중요하다. 기존산업분야, 제조업분야는 생산지 해외 이전이 많아지고 공장자동화, 사무자동화 등의 영향으로 인력을 점차 줄이게 된다. 다양한 서비스업분야, 신성장산업분야, 벤처사업계 등 새로운 분야는 지금은 안전성은 낮지만 앞으로의 가능성을 볼 수 있는 분야다.

| 기존 산업 안전성 있는 분야 | ? | 성장 발전분야 새로운 분야 |

　　참고로 한국고용정보원의 기술혁신이 중장기 인력수요에 미치는 효과에 대하여 아래의 분석을 참고하여 재취업분야 선택에 참고할 필요가 있다.

　　4차산업혁명 선도산업을 중심으로 취업자 수가 크게 증가하고,
　　관련 기반산업과 경제성장에 따른 소득증가 등으로 일부 서비스업에서 취업자 수가 증가하는 것으로 전망된다. 정보·통신 서비스업은 SW산업과 통신관련 산업에 대한 투자가 크게 확대되면서 고용이 가장 큰 폭으로 증가할 것으로 예상된다. 전문과학기술과 서비스업은 신기술 개발을 위한 R&D 투자 확대와 과학기술 관련 기업서비스 수요 증가로 취업자 수가 큰 폭으로 증가할 것으로 전망된다. 전기·전자·기계산업은 디지털화의 가속화로 기반산업인 전기·전자 업종의 수요 확대와 스마트 팩토리 등에 대한 설비투자 확대로 기계업종 수요가 확대되면서 취업자 수가 증가할 것이다.

　　보건·복지서비스업은 고령화와 소득증가, 의료 기술발달 등에 따른 수요 확대와 사람의 손길이 필요하여 일자리 대체가 어려운 산업 특성으로 취업자 수가 큰 폭으로 증가할 것이다.

　　문화·예술·스포츠 산업은 기술 혁신에 따른 소득과 여가시간 증가 등으로 수요가 확대됨에 따라 취업자 수 증가가 예상된다.

　　고용이 감소할 것으로 예상되는 산업은 도·소매, 숙박·음식점업, 공공행정·국방 등으로 기술혁신 가속화로 취업자 수가 감소할 것으로 전망

된다. 도·소매업은 인터넷 상거래 등 디지털 유통 채널이 확대되고, 판매 서비스의 자동화로 취업자 수의 증가폭이 크게 축소될 것이다. 숙박·음식점업은 서비스 무인화가 확대되면서 취업자 수 증가폭이 크게 축소될 전망이다. 공공행정, 금융서비스업은 사무 자동화, 인공지능 활용 확대 등으로 취업자 수 증가폭이 축소될 것이다.

운수업은 온라인 상거래 확대로 시장 수요는 증가하나, 자율주행과 자동화된 운송장치 발달로 취업자 수 증가폭이 축소될 것으로 전망되고 있다.

직업 대분류별 취업자 전망 결과를 보면 혁신전망 결과를 기준으로 전문가와 관련종사자(1.7%), 서비스종사자(0.9%), 사무종사자(0.7%) 등 비교적 고숙련 직업군에서 취업자 증가 속도가 빠를 것으로 전망된다.

중소기업, 벤처기업을 선택할 것인가, 대기업, 상장기업, 외자계기업을 선택할 것인가를 정하여야 한다.

참고로 대기업은 신규사업 진출, 사세 확장으로 전문인력 보충의 니즈가 높아지면 우선적으로 사내에서는 인재풀을 이용해 적합한 인재를 충원하려 한다. 그런데 고도의 전문성 필요 등으로 사내에서는 충원이 어려울 경우 등 아주 특수한 상황에서만 외부에서 채용하려 하므로 수요가 적다.

특히 중견간부급이 되면 그 기업 자체내에서도 인원감축의 필요성을 느끼는 계층이므로 더 수요가 없다.

전문성이 뛰어나고, 아직 나이가 40대 초 중반이라면 목표로 할 수 있다. 50대가 되면 가능성은 크게 낮다고 보아야 한다.

중소기업이나 벤처기업의 경우는 우수한 인재가 부족하고, 신규사업을 시작하더라도 사내에서는 인재풀이 약하여 외부에 의존할 수밖에 없기 때문에 외부 영입의 기회가 많다. 또 중소기업은 인재의 유동성이 크므로, 즉 사표를 내고 직장을 옮기는 비율이 높아서 인재 수요가 많다. 중소기업은 대기업보다는 급여 복리후생 등이 열악하다는 현실을 인식하고 근무조건이 다소 나쁘더라도 취업을 하겠다는 마음자세로 문을 두드리면 가능성이 높고 기업의 성장과 함께 더 큰 기회도 엿볼 수 있다.

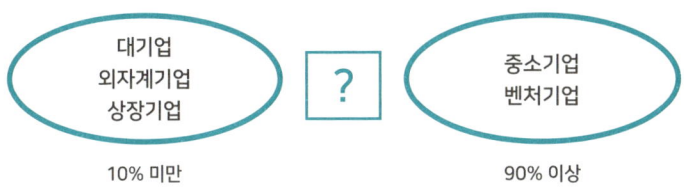

재취업에 성공한 90% 이상 사람이 중소기업이나 벤처기업에 취업했다는 통계는 이런 이유가 있기 때문이다.

나이와 능력의 조합 매트릭스에 따라 재취업, 전직의 난이도 조건이 달라짐을 인식하여 결정하라.

나이와 능력에 따라 재취업 희망자를 다음 페이지 표처럼 4가지 부류로 나눌 수 있다.

A군은 능력과 전문성이 있으면서 나이도 40대 초중반인 경우다. 전직을 본인이 원하는 방향으로 하기 쉬운 사람들로, 인재알선회사 등에 등록하시면 좋은 결과를 얻을 분들이다.

B군은 40대 중반 이후로 내세울 능력이 부족한 경우다.
능력을 잘 분석하여 현재의 능력에 맞는 회사를 찾거나, 일단 조건을 낮추어 취업을 하고 후일을 도모해야 한다. 아주 시급하지 않으면 교

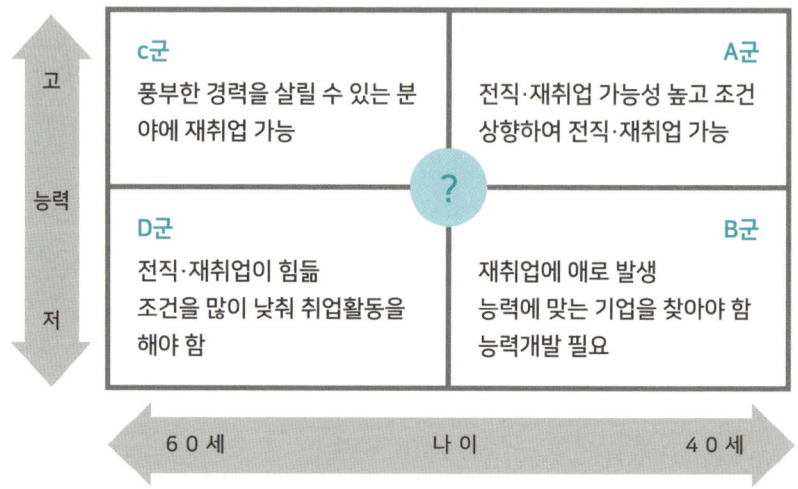

육이나 자격증 취득 등의 노력을 일정기간 한 후 원하는 기업 등에 취업하는 것도 방법이다.

C군은 능력과 경력이 풍부하지만 나이가 많은 분들이다. 중소기업에 중역, 고문으로 취업이 가능한 분들이다.

D군은 나이도 많은데 내세울 전문성이나 능력이 모자라는 분들이다. 상당히 조건을 낮추어 취업활동을 해야 한다.

능력과 관심, 희망 영역에 따라 선택영역을 정하라.

직장 선택을 관심, 희망축과, 능력축으로 분석하면 아래와 같이 4가지 부류로 분석이 가능하다.

A군은 그분야에 관심이 높은데 업무를 수행할 수 있는 높은 능력을

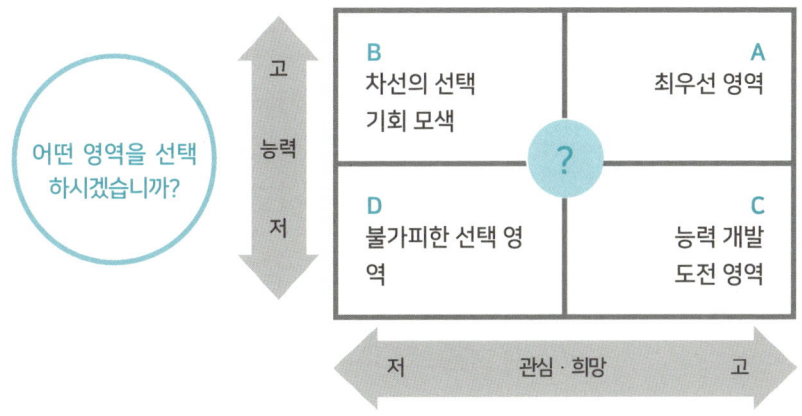

요구하는 영역으로, 이 영역에 합당한 실력을 갖추어 전직이나 재취업에 성공하면 가장 이상적이다.

B군은 관심은 조금 적지만 높은 능력을 요구하는 분야로 자신은 그 정도 능력이 있으므로 마음만 먹으면 갈 수 있는 분야다. 비록 최선은 아니지만 높은 능력을 사주는 영역이므로 A영역의 기업을 찾을 수 없을 때 차선책으로 선택할 수 있는 영역이다.

C군은 관심은 많은 분야지만 자신의 능력이 부족한 영역이다. 낮은 급여 등의 조건을 감수하고서라도 전직·재취업에 성공하면 자신이 원하는 일을 할 수 있고, 꾸준히 능력개발을 하면 새로운 기회를 만들 수 있는 영역이다.

D군은 관심도 적고, 높은 능력을 요구하지 않는 분야로 불가피하게 선택할 수밖에 없는 영역이다.

상기 4가지 중 어느 영역에 도전해야 하는가를 냉정히 판단해야 한다.

업종과 직무의 전문성, 선호도를 고려하여 선택하라.

직장생활 20년 이상을 어느 회사에서 하다보면 몸담았던 업종이 좋을 수도 있고, 자신이 해 왔던 직무 전문성을 살리는 동일직무를 선호할 수도 있다. 몸 담았던 업종이 좋지만 그 업종이 쇠퇴하여 타업종으로 가야 하는 경우도 있다.

때로는 새로운 경험이나 성장업종으로 갈아타기를 원할 수도 있다. 다양한 경험을 살리기 위해 타직무로 가고 싶어지기도 한다. 업종 내에서도 기술직, 생산직, 회계경리, 기획, 인사노무, 영업직, 재무분야, 경영관리 중 어느 직무분야에 전문성을 갖는 경우가 많지만 상위급 간부가 되면 전문 직무분야의 컬러가 약해지고 고급관리자로서 폭넓은 관리 능력, 경영능력을 요구하는 곳으로 옮기는 경우도 많다.

전직·재취업을 해야 하는 경우,

본인이 해왔던 업종이 마음에 맞아 계속 그 업종에 종사하고 싶은지, 아니면 차제에 업종을 바꾸어 성장업종이나 좋아하는 업종으로 옮길 것인지 정해야 한다.

업종을 정하면 이번에는 본인이 해오던 직무분야를 계속하고 싶은지 아니면 직무분야를 바꾸고 싶은지 정해야 한다.

아래 매트릭스 4군 중 한 곳이 1지망이고 또 한 곳을 2지망으로 정하여 목표를 정해야 한다.

동일업종 동일직무	동일업종 타 직무
타 업종 동일직무	타 업종 타 직무

전직·재취업업종이나 분야를 성장성과 기회의 축과 장기적 관점과 단기적 관점의 축으로 나누어 선택하라.

A 영역은 성장이 가능하고 장기적으로 근무가 가능한 영역의 선택이다. 비록 당장의 처우 등은 마음에 흡족하지 않더라도 길게 보고 선택하는 것이다. 미래성장분야를 택하는 경우다.

B 영역을 선택하는 경우는 성장성을 보고 단기간 근무하면서 경험과 지식을 쌓아 창업 등의 기회를 엿보는 영역이다.

C 영역은 성장성은 없지만 보람을 느끼면서 안정적으로 오래 종사 가능한 영역이다.

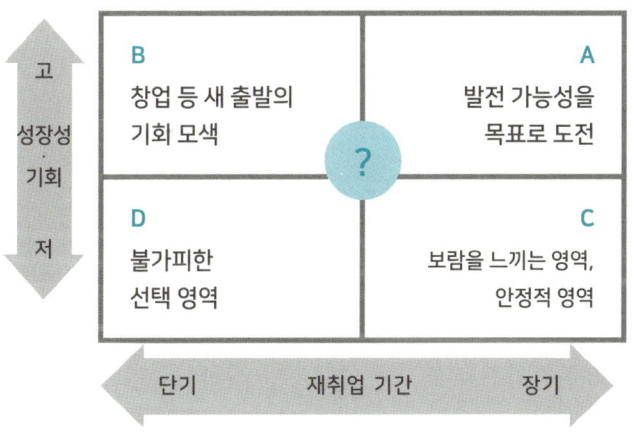

D 영역은 현재 여건상 잠시 머물면서 다음을 기약하는 불가피한 선택영역이다.

근무조건을 고려하여 선택하라.

근무지가 자택과 멀어 출퇴근이 어렵거나 가정 사정상 지방근무가 어려운 경우 타지역 근무에 제한이 있고 나이나 건강에 따라서는 근무 시간이나 업무량에 영향을 받는다.

| 근무지역 | 근무시간 | 업무량, 업무난이도 | 기타 |

참고로 통계청에서 2013년에 55세~79세의 중장년층 일자리 선택기준을 조사 발표하였다. 기업 선택시 참고하라.

일자리의 양과 시간대 26%
임금수준 24.8%
계속근로가능성 18.8%
일의 내용 12.6%
과거 취업연관성 11.0%
출퇴근거리 6.8%

지금까지 열거한 일곱 가지 조건을 정리하여 순서대로 자신의 타겟기업의 범위를 좁히고 본격적인 개별기업 서칭작업에 들어가야 한다.
조건 순서대로 타겟을 좁혀가는 한가지 선택 예다.
» 기존 산업 분야의
» 중소기업으로
» 풍부한 경력을 살릴 수 있으며
» 향후 창업을 염두에 두고 능력 개발을 할 수 있는 기업에서
» 동일업종 타 직무를 경험하여 능력의 폭을 넓이고,
» 3년 정도의 단기간 근무를 염두에 두고

» 가능하면 경기도 지역의 기업이면
» 임금 수준은 크게 신경쓰지 않고 취업가능한 기업

이렇게 목표를 설정하고, 많은 부분의 조건이 근접한 기업을 찾아가는 것이다. 본인이 양보할 수 있는 조건과 양보할 수 없는 조건도 우선순위를 매겨 준비하면 좋다.

6   타겟기업의 서칭과 조사방법

지금까지의 작업으로 전직·재취업의 목표분야를 좁혀서 타겟을 정하면 이제는 타겟업종, 분야 등에 해당하는 기업을 찾아야 한다. 가능성있는 기업을 몇 군데로 압축하여 구체적인 목록을 작성하여 아래의 다양한 방법을 시도하면서 구직활동을 시작한다.

지인을 통하라

직장동료 후배, 선배, 친구, 거래선 등을 통해 가능성있는 기업을 소개, 추천 받거나 정보를 수집하는 방법이 가장 좋은 방법이다. 구직자의 인적 자산을 모두 꺼내서 정리 검토하여 부탁할 사람을 좁혀간다. 그들을 통해 인맥을 소개받는 방법도 좋다.

지인을 통해 부탁을 하더라도 앞의 장에서 이야기한 여러 선택지에서 어느 정도 목표 분야를 좁혀서 부탁하면 더 좋다. 그저 막연하게 취직 좀 부탁해 하면 부탁 받는 사람도 대처가 어렵다. 간단한 이력과 경력, 그리고 희망기업과 희망조건 등을 간단히 요약한 시-트를 만들어 부탁하면 더 좋다.

미래에셋은퇴연구소 은퇴교육센터에서 50세 이후에 퇴직한 50~60대 1,808명 을 대상으로 조사(2019.06)한 내용에 의하면 실제 재취업에 성공한 퇴직자가 구직에 성공한 요인으로 가장 많이 꼽은 것은 '직장 동료와 지인을 통한 일자리 소개 부탁'이다. 특히 동일업종 재취업에 성공한 사람 약 50%는 인적 네트워크를 통해 구직활동을 했다고 한다. 다음으로 기업에 직접 문의를 하거나(14.1%), 자격증을 취득했던 것이(14.1%) 주효했다고 하였다. 재직 당시와 다른 분야로 재취업한 사람들의 경우 역시 지인 소개에 의존하는 비율은 약 30%로 자격증 취득(약 20%)과 사업체 직접 문의(약 13%)보다는 높았다.

협회 정보를 활용하라

타겟분야의 협회를 검색하여 협회 회원 리스트에서 타겟기업 리스트를 작성하고 취업을 희망하는 기업을 몇군데 찾아내어 지인을 통하여 부탁을 하거나, 직접 어프로우치하는 방법이 있다. 구글이나 네이버 같은 포털 사이트를 활용한다. 예를 들어 네이버에서 협회를 검색하면 각 협회를 검색할 수 있다.

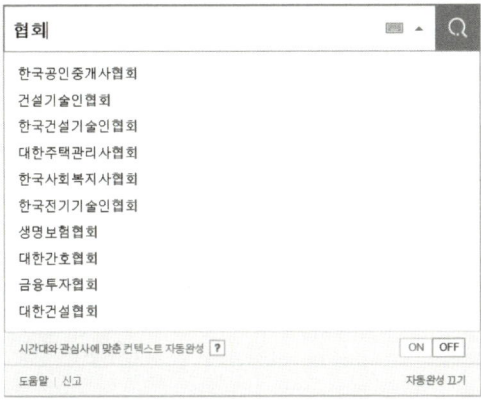

포털 사이트에 키워드 입력으로 서칭하라

워크넷 정보를 활용하라

업종별 전문 웹사이트를 활용하라

예) 건설워크넷, 복지넷, 대한주택관리사협회 등

민간 일자리 정보망을 활용하라

- » 잡코리아	https://www.jobkorea.co.kr/
- » 사람인	https://www.saramin.co.kr/zf_user/
- » 커리어	http://www.career.co.kr/
- » 인크루트	https://www.incruit.com
- » 인디드	https://kr.indeed.com
- » 잡서치	https://www.job.co.kr
- » 알바몽	https://www.albamon.com
- » 알바천국	www.alba.co.kr
- » 스카우트	https://www.scout.co.kr/
- » 벼룩시장	http://www.findjob.co.kr/
- » 잡이스	http://www.jobis.co.kr/
- » VJOB	https://www.v-job.or.kr

정부 공공기관 운영 일자리정보망을 활용하라

- » 고용노동부 워크넷	https://www.work.go.kr
- » 일자리플러스 서울시	http://job.seoul.go.kr
- » 노인인력개발원	https://www.kordi.or.kr/
- » 나라일터	http://gojobs.go.kr
- » 소상공인진흥원	www.sbiz.or.kr/
- » 잡알리오	https://job.alio.go.kr
- » 제대군인지원센터	https://www.vnet.go.kr/
- » 워크투게더 장애인 포털	https://www.worktogether.or.kr
- » 국방전직교육원	https://www.moti.or.kr
- » 관광전문인력 포털	https://academy.visitkorea.or.kr
- » 건설일드림넷	https://www.cwma.or.kr

헤드헌팅 기업에 의뢰하라

- » HR파트너스(잡코리아) http://hrp.jobkorea.co.kr/
- » 커리어센터 (커리어) www.careercenter.co.kr
- » 인크루트헤드헌팅 http://chief.incruit.com/
- » 사람인프로헌팅 http://www.saramin.co.kr/zf_user/headhunting

기타 관련 사이트를 활용하라

중장년일자리희망센터 운영 현황 문의처 고용노동부 고객상담센터 (TEL. 국번 없이 1350) 워크넷(www.work.go.kr/4060hope)

업무 직종별 사이트 활용

- » 영업나라 http://youngup.kr 영업
- » 어카운팅 피플 www.accountingpeople.co.kr 재무, 회계, 경리
- » 트레이드인 www.tradein.co.kr 무역
- » 금융권취업포털 www.finet.co.kr 금융
- » 이엔지잡 www.engjob.co.kr 이공계전문취업
- » 팜인포 www.pharminfo.co.kr 제약회사
- » 건설워커 www.worker.co.kr 건설회사
- » 콘잡 www.conjob.co.kr 건설회사
- » 패션스카우트 www.fashionscout.co.kr 패션
- » 디자인잡 www.designjob.co.kr 디자인
- » 미디어잡 www.mediajob.co.kr 미디어/매스컴
- » 키즈맘 www.kizmam.co.kr 육아 보육교사
- » 안전관리세이프잡 www.safejob.co.kr 경호경비/ 시설관리
- » 메디잡 www.medijob.cc 의료, 병원

» 메디컬잡	www.medicaljob.co.kr	의료, 병원
» 레포츠잡	http://www.leportsjob.com	생활체육 헬스 수영 등

외국계 기업 전문사이트

» 콘페리	http://www.kornferry.com
» Kofen-job	www.kofenjob.com
» 피플앤잡	www.peoplenjob.com
» Myjobs	www.myjobs.kr

일본계 기업 전문 알선업체

» PERSOL Korea	www.persolkr.com
» JAC Recruitment Korea	www.jac-recruitment.kr
» PASONA Korea	www. pasona.co.kr
» 에이젝코리아	www.agekke.co.kr
» 마이나비코리아	www.mynavikorea.co.kr
» 제이브레인	https://jbrain.co.kr

중소기업현황정보시스템을 활용하여 타겟기업을 살펴보자.

검색순서

1. 중소기업현황정보시스템(https://sminfo.mss.go.kr/) 화면에서 왼쪽 검색센터의 간편검색을 클릭한다.(회원등록하지 않고 기업현황을 알 수 있다.)
2. 근무희망 지역을 선택한다.
3. .원하는 업종을 선택한다.
4. 기업유형을 선택한다.(기업유형, 설립년도, 자산규모, 종업원 수 등)
5. 검색결과 리스트에서 기업명을 클릭한다.
6. 기업프로필, 재무재표요약, 사업장현황, 기업연혁, 인증현황을 알 수 있다.

7 입사지원서 준비

타겟기업이 정해지거나 타겟기업 리스트가 준비되면 구체적으로 구직활동에 들어가라. 구직활동을 위해서는 미리 이력서, 경력서, 자기소개서를 준비해 두고 기업에 제출할 때는 각각의 기업 니-즈에 맞게 수정하여 제출하는 것이 좋다.

이력서와 경력서는 자신을 기업에 판매하는 일종의 팜플릿이다.

작성 연습도 하고 컨설턴트나 주위 지인에게 보여주고 의견을 들어 수정도 해야 한다. 선 서류심사에 통과해야만 그 다음의 면접에 들어갈 수 있으므로 이력서는 첫인상과 같아서 보는 사람의 입장에서 "아 – 이런 사람이구나, 우리에게 필요한 사람이구나. 한번 만나보자." 라는 마음이 들어야 한다.

#작성포인트

» 보통은 기업이 요구하는 이력서 형식이 있다. 이력서 형식에 맞추어 충실하게 작성한다.
» 고객(구인기업)이 한눈에 만나보고 싶도록 작성해야 한다.
» 오래된 경험보다 최근의 업무경험 중심으로 작성해야 한다.
» 중견직장인 채용시는 직무역량(기술, 경력, 전문성, 능력)과 직무적성, 자세 등이 요구되므로 기업의 구인목적을 파악하여 기업의 입장에서 작성해야 한다.

- » 기업별로 요구하는 서류의 기본서식이 정해져 있는 경우가 대부분이므로 그 기업의 요구내용과 순서대로 작성해야 한다. 규모가 작은 경우는 별도서식이 준비되어 있지 않을 수 있지만 기본적으로 대동소이하다.
- » 직무별 핵심역량과 직책별 핵심역량을 잘 표현해야 한다.

#커버레터 작성

간단한 자기소개와 면접을 간절히 요청하는 내용으로 작성한다. 인사담당자가 첨부서류 내용을 전부 읽지 않아도 지원자의 역량을 파악할 수 있게 한다.

- » 수신인을 인사담당자, 인사담당부서로 한다.(담당자 이름 표기도 좋음)
- » 서두에 지원분야, 지원동기를 서술한다.
- » 본론은 회사의 니즈에 맞게 자신의 역량과 자격을 간단히 표기한다.
- » 입사의 간절한 바람과 면접의 희망을 쓰고 인사말로 마무리한다.

#이력서의 일반적 기입 내용

인적사항

- » 성명, 생년월일, 연락처, 이메일, 주소
  병역사항, 자격증, 어학력 등을 요구하는 기업도 있음
- » 현재연봉(Base, 제수당, 기타)
  희망연봉을 요구하는 경우도 있음, 협의후 결정가능
- » 학력사항 : 기간, 학교명, 소재지, 전공
- » 경력사항 : 회사명, 근무기간, 최종직위, 담당업무 표기

경력사항/경력요약 4050 중견직장인들은 학력보다 경력, 능력이 더

중요하다. 상세 경력서는 첨부하고, 이력서에는 경력 요약문구를 기입한다. 구인회사와 구인분야와 관련된 필요사항을 파악하여 그 요구에 부응할 수 있는 자신의 업적 경력을 요약하여 제시함으로써, 채용기업에서 경력요약만 보고도 지원자의 역량을 파악하고, 필요성을 느끼도록 3~4문장으로 간략하게 표기한다.

경력요약 사례 1

AA사에서 화장품 영업분야에서 15년간 백화점과 양판점 영업 담당. 오프라인 분야에 폭넓은 바이어 네트워크 보유
BB사에서 영업부장으로 홈쇼핑 판매와 온라인 영업 도입으로 매출 25% 이상 추가 신장시킴, 신규 판매투트 개척역량 보유

경력요약 사례 2

H사에서 25년간 인사부문 전반의 업무 경험 인사평가시스템 개선과 운영 노무관리와 노사협의 업무수행으로 노사문제 해결의 전문역량 보유

경력요약 사례 3

전자제품 제조 CC사에서 22년 근무하면서 생산관리, 품질관리 업무 수행, 제조업 현장 전반의 관리능력 보유

경력사항 상세기술 경력서에는 특기할 구체적인 경력, 경험을 가능한 한 수치를 넣어 작성한다. 그 경험, 경력을 이룰 수 있었던 자신의 강점을 서술한다. 팀으로 프로젝트를 성공시킨 경우는 자신의 기여도를 기술한다. 기술의 변화, 사회의 변화가 빠르기 때문에 10~15년 전의 업무 경력은 크게 도움이 되지 않을 수 있다. 동일업종이나 유사업종에 취업하는 경우는 최근 업무순으로 표기해야 한다. 다른 업종으로 취업하는 경우는,

지난 업종의 전문성보다는 업무수행시의 장점 위주로 표기하면 좋다.

#자기소개서

경력을 중심으로, 성격의 장점 그리고 입사동기나 포부를 입사지원 기업의 니즈에 맞게 소개해야 한다. 경험을 통해 배운 점, 향후 업무에 살릴 수 있는 방안 등을 넣는다. 경력상 실패경험과 그 경험을 통한 배운 점을 넣어도 좋다.

중소기업에 취업을 선택하는 경우는 앞서 소개한 중소기업 경력직 채용시 중점 고려사항을 참고하고 해당기업의 상황을 고려하여 경력서와 자기소개서에 반영하여 작성하면 좋다.

자기소개서 사례

» 2014년 3월부터 2018년 3월까지 신시장 개발팀장을 맡아 4년간 동남아, 중동에 시장개척 활동을 했습니다. 그 결과 해외시장 매출을 40% 신장시켰으며 개발도상국과 후진국 영업개척의 노하우를 터득하였습니다. 귀사에 입사하면 귀사의 제품의 수출활개를 위해 베트남, 태국, 말레이지아 등 동남아 시장과 이란, 사우디 등 중동시장으로 시장을 확대할 수 있습니다.

» 2015년3월부터 2018년 12월까지 생산부장을 맡아, 매일 아침 30분 일찍 출근하여 현장을 살피며 당일 생산활동에 지장이 없도록 공구 등 정리, 정돈, 청소사항을 점검하는 등 5S운동의 습관화로 3년간 무재해를 달성하였습니다. 귀사에 5S운동을 철저히 도입시키고, 교육시켜 재해가 없는 직장으로 바꾸겠습니다.

» 2016년 3월부터 2019년 12월까지 기업윤리추진팀장을 맡으면서 기업내 리스크요인을 진단하고, 리스크요인의 발견과 개선을 추진하고, 리스크교육을 강화하여 부문별사고나 문제발생을 80% 정도 감소시켰습니다. 저의

경험을 살려 귀사의 사세확장과 더불어 발생가능한 제리스크요인을 분석하고 발생방지를 위한 시스템설계와 교육을 실시하여 생산성향상에 기여하겠습니다.

지원동기

지원기업의 현황과 니즈에 맞게 자신의 경력과 연결시켜 어떤 목표로 어떻게 기여하겠다는 포부, 노력, 자세를 표현하라.

지원동기 문장 사례

귀사의 화장품 영업이 중국, 동남아로 확대된다는 소식을 보도를 통해 알았습니다. 오랜 화장품 수출 영업의 경험과, 해외 바이어 인맥 네트워크를 살려 귀사의 수출을 획기적으로 성장시키고, 귀사의 성장과 함께 자신의 성장도 이루어 낼 수 있는 기회가 있다고 생각하여 지원하게 되었습니다.

8 면접 준비와 면접 요령

　면접은 4050 재취업의 가장 중요한 마지막 관문이다. 질문에 대해 답안 시나리오를 준비하여 여러 번 리허설을 반복하여 철저히 준비해야 한다. 면접은 일반적으로 많은 지원자 중 서류심사에서 3-4배수 정도를 선정한 후 면접을 실시한다. 채용 결정에 가장 중요한 최종 관문이다.

　저자가 일본회사 한국 CEO 채용 면접을 받았을 때 사례다. 일본회사가 한국 진출을 결정하고 한국 CEO 후보를 면접하는데 일본에서 3명의 면접관이 한국을 방문하여 4명의 한국인 후보자를 면접했는데 4번째 순서였다. 저자는 노트북을 지참하고 면접장에 들어갔고 노트북에는 아래 내용이 준비되어 있었다.

- » 일본회사의 홈페이지에서 캡쳐한 한국 진출분야의 일본 현황
- » 그 분야의 한국 경쟁사 현황
- » 면담 중 질의할 내용

　저자가 노트북을 열어놓고 대화에 응하자 일본인 담당중역이 질문을 하던 중 저자의 노트북에 관심을 보여서 준비한 내용을 보여주었다. 결과적으로 저자는 CEO로 확정되었다.

　후일 그 담당 중역이 저자에게 말했다.

"면접에 임하면서 그렇게 많은 준비를 해온 사람은 처음 보았습니

다. 질문에 답만 하는 것이 아니고 질문할 내용도 꼼꼼히 준비를 해와서 후보자의 성격과 업무자세, 열정을 읽을 수 있었습니다."

면접은 자기를 세일즈하는 프레젠테이션이다. 제출서류 내용도 물론 중요하지만, 연출도 중요하다.

#첫인상을 좋게 하라

면접에서 첫인상은 아주 중요하다. 단정한 복장, 바른 자세, 너무 긴장하지 않고, 겸손하면서도 자신 있는 답변 태도가 중요하다. 그러나 너무 자신이 넘치는 태도는 가볍게 보이거나 기존 직원들과의 융화에 어려움이 예상 된다는 인상을 줄 수 있으므로 마이너스 평가를 받을 수 있다. 대기업퇴직 후 중소기업을 지원하는 경우, 해당기업의 문제점을 지적하는 태도는 자존심을 상하게 하므로 역시 피해야 한다.

#면접의 목적을 이해하고 준비하라

면접자는 구직 지원서류에 기재된 전문성 경험 등을 질문을 통해 확인하고, 서류에서는 잘 알 수 없는 태도, 자세, 성향, 열정 등을 확인하려 한다. 구직자는 자신을 판매하는 세일즈맨의 입장이다. 제품(자신의 경험, 지식, 품성)이 그 회사에 유효한 가치가 있음을 짧은 시간에 보여야 한다. 따라서 제출한 경력, 자기 소개서에 기재한 내용에 대해 가상 질문과 거기에 맞는 답변을 잘 준비해야 한다.

#지원회사에 대해 자세히 알고 면접에 임하라

면접관은 자기 회사나 업계에 대해 잘 알고 온 지원자를 좋아한다. 취업 희망기업에 대해 사전조사를 하여 업계의 환경, 그 기업의 현황 그리고 채용 예정자에게 기대하는 점을 숙지해야 한다. 업계내용이나 기업 내용은 인터넷 자료검색을 하거나 지인 등을 통해 알아보고, 가능하면 사전에 기업을 방문하여 현장의 분위기를 확인하고 준비하면 좋다.

#면접연습을 실전처럼 하라

중견직장인들은 면접은 현장에 가서 질문에 잘 답하면 된다고 쉽게 생각하기 마련이다. 머리속으로는 알고 있어도 면접장에서 긴장하면 두서없이 답하기 쉽고 당황하게 된다. 그러므로 사전준비와 연습은 필수적이다. 연습도 가능하면 제3자(컨설턴트, 코치) 앞에서 하는 것이 가장 효과적이다. 면접자세, 말의 속도, 표정, 표현내용 등 수정할 곳을 피드백받아 다시 연습을 한다. 동영상으로 촬영하여 리플레이하면서 보면 자신의 문제점을 파악하기 쉽다. 동화상 촬영이 어려우면 큰 거울 앞에서 연습해 보라. 거울 속의 모습은 남들이 보는 자기 모습이다.

#예상되는 질문에 대한 준비를 철저히 하라

예상질문에 답을 준비할 경우 반드시 상대방에서 어떻게 받아들일지 숙고하여 준비해야 한다. 예상질문 리스트에 모두 답안을 준비하여 수차례 실전연습을 하면 자신감이 생기고 발표 요령이 생긴다.

지원동기 "왜 우리회사를 지원하셨습니까?"
지원회사를 제대로 알고 왔는가, 그리고 무엇을 기대하고 있으며, 어떤 역할을 할 것인가를 알아보기 위한 질문이다.

영업관리자를 지원한 사례
귀사는 ○○ 제품에서 많은 매출을 올리는데 판매라인이 주로 오프라인에 주력하고 있습니다. 최근 소비자들의 구매패턴의 변화에 맞추어 판매라인에 변화가 필요하다고 생각합니다. 저의 경험을 살려 인터넷 온라인판매, TV홈쇼핑판매등 다양한 신규채널을 구축하여 매출을 크게 신장시킬 수 있다고 판단하여 지원하였습니다.

중소기업 관리자로 지원한 사례

1. 귀사는 성장을 지속하고 있으므로 이 시점에서 관리부문의 강화가 필요한 단계라고 생각합니다. 저의 ○○기업에서 20년간 인사 노무 기획분야의 다양한 경험으로 귀사 관리부문을 재정비하여 조직성장에 대비하겠습니다.
2. 귀사는 품질면에서 시장에서 좋은 평가를 받고 있습니다. 이제부터는 마케팅력의 향상이 더욱 필요한 시기입니다. 저의 광고 PR경험을 살려 매출을 크게 신장시키는데 공헌하고 싶습니다.

업무능력에 관한 질문 "본인의 업무능력, 전문성을 간단히 설명해 주십시오."

경력서에 기술한 업무능력, 전문성에 대해, 지원기업의 상황에 따라 질문가능한 포인트를 가상하여 준비하라. 경력, 실적의 상세 내용과 가능한 데이터를 준비하면 좋다. 그 분야의 전문가가 면접요원일 경우도 있고, 특히 중소기업의 경우 간부 채용시는 사장이 입회하므로 경영자의 입장에서 이해가능하도록 답변을 준비하라.

구체적인 전문성 확인 외에도, 해당기업의 상황에 따라 1. 대기업에서 유능한 직원들로 구성된 영업팀을 운영하시다가 우리 회사(중소기업)에 입사하시면 힘드실텐데…… 2. 대기업에서는 전문 분야만 잘하면 되지만 우리 회사(중소기업)에서는 여러분야의 업무를 지원해 주셔야 하는데…… 3. 우리회사의 향후 전망을 어떻게 보시는지요. 등의 예상 질문도 답을 준비하면 좋다.

이직사유의 질문 "왜 전 직장을 그만두셨습니까?"

요즈음은 간부직원 채용시는 채용 예정회사에서 전 직장에 조회를 하는 경우도 많아서 좋지 않은 사유로 퇴직하는 것은 재취업에 걸림돌이 된다. 전직회사를 비난하거나 부정적으로 표현하는 것은 좋지 않다. 불가피한 퇴직사유 즉 회사의 경영부진, 회사의 축소경영 영향 혹은 자신의 발전가능성, 능력발휘의 기회를 찾기 위해서 이직하였다는 긍정적인 표현이 좋다.

연봉, 근무조건에 관한 질문 특별한 능력으로 스카우트당하는 경우, 30~40대로 유능한 인재의 경우는 더 높은 연봉을 받기 위해 직장을 옮기는 사례가 많으나 일반적으로 중견직장인이 동종기업이나 중소기업에 전직이나 재취업할 경우, 지금까지의 연봉과는 많은 차이가 난다는 것을 각오해야 한다.

"어느 정도의 연봉을 희망하십니까." 라는 질문에 답변은 본인의 입장에 따라 달라진다. 능력이 있고, 더 높은 연봉을 원할 경우는 구직, 전직자가 먼저 조건을 제시하고 협상할 수 있다. 그러나 중년 퇴직자, 명퇴자들의 경우에는 먼저 금액이나 조건을 제시하지 말고 "귀사에서 어느 정도 책정하고 계시는지요?" 하고 공을 기업쪽으로 넘겨 협상하는 것도 좋다. 중소기업의 경우 지금까지의 연봉에서 30%~50% 낮아질 수도 있다. 기업측에서 제시하는 조건이 도저히 납득하기 어려운 수준이 아닐 경우 제시연봉에서 10~20% 정도 올려줄 것을 한 번 정도 요청해 볼 필요는 있다. 상대방의 반응을 살핀 후, 약간의 협상이 이루어지면 가능하면 조건을 수락하는 것이 좋다. 입사하여 본인의 능력을 입증한 후 재협상하여 인상시킬 수 있다.

연봉협상 후는 직책과 복리후생 등에 관한 협상을 한다.

처음부터 연봉, 직책, 복리후생 등에 과도하게 집착하는 모습을 보이면 부정적인 인상을 주게 된다. 대기업의 중역 출신으로 중소기업에 재취업 경험이 있는 모씨의 경우다.

"거의 대부분의 재취업자들은 퇴임 후 재취업 과정에서 퇴직시의 급여수준과 비교를 하기 때문에 갈등을 느낍니다. 저는 취업 면접시에 급여는 그 기업이 감당할 수 있는 수준에 맡겼습니다. 동종기업의 평균 이하였지만 기꺼이 수용하였습니다. 저의 관심은 급여보다는 저의 경력과 노하우가 성과로 연결될 수 있는지 살폈습니다. 그리고 즐겁게 일할 수 있는 분야인지, 건강을 해치지 않는 조건인지를 먼저 살폈습니다. 그 결과 기업의 경영자에게 신뢰를 주는 계기가 되었고, 입사 후 성과를 보여주면서 자연히 연봉은 인상되었습니다."

재취업시의 자세, 그리고 연봉 협상시 새겨 두어야 할 좋은 사례다.

기타 예상 질문 취미, 가족, 퇴직 후 공백기간에 대해서 질문, 존경하는 인물, 읽은 책에 관한 질문을 받을 수도 있고, 지원서류와 지원기업에 따른 예상 질문을 유추하여 준비하면 좋다. 취미를 질문받아도 자기PR에 활용하는 답변을 준비하라. 예를 들면 "저의 취미는 바둑입니다. 바둑을 통해 영업 전략수립에 대해 많이 배우고 있습니다. 초반의 전략 구상, 중반의 상대방 대응 작전의 중요성 종반에 방심하지 않고 거래를 성사시키는 세심함을 배우고 있습니다."

면접의 클로징

"수고하셨습니다. 혹시 질문 있으십니까?"

이런 질문을 받으면 일반적으로 "없습니다."로 간단히 답하고 끝내려 하는데 이때가 자신의 강한 세일즈 포인트를 남겨 선택을 받는 기회다. 예를 들어 "저에게 관심을 가지시고 많은 질문해 주셔서 감사합니다. 귀사에 대해 더욱 많은 이해를 할 수 있었습니다. 저의 ○○○ 경험, 저의 ○○○ 기술로 귀사 발전에 크게 기여할 수 있다는 확신이 들었습니다. 저를 귀사의 가족으로 꼭 받아들여 주시기 바랍니다."

"**수고하셨습니다.**" 면접관이 "수고하셨습니다." 하더라도, 즉 마지막 질문의 기회가 없더라도 본인이 "마지막으로 한 말씀 드려도 될까요? 한가지 여쭤어 보아도 될까요?" 하면서 강력한 어필 포인트를 남기는 기회로 활용하라. 이 포인트 역시 사전에 준비가 필요하다.

면접까지 갔다면 반드시 취업하겠다는 마음을 가지고 준비해야 한다. **준비하는만큼 취업 확률이 커진다.**

9. 새 직장 적응의 성공 사례와 실패 사례

지금까지와 다른 환경, 특히 대기업에서 중소기업으로 재취업한 사람들은 그 환경에 적응하지 못하여 퇴사하는 경우가 많다. 대기업이 조직적으로 움직이는 문화, 규칙과 질서가 있는 환경이라면, 중소기업은 모든 시스템이 정비되어 있지 못한 경우가 대부분이다. 더욱이 대기업은 관련 부서의 협력을 얻어 일을 진행하기도 쉬우나 중소기업은 혼자 알아서 처리해야 하는 경우가 대부분이다. 직장 근무 환경도 대기업과는 다르다.

» 지금까지와는 다른 사풍, 기업문화를 이해해야 한다.
» 새로운 조직의 사람들과 협업도 잘 해야 한다. 한국인의 행동은 이성적이기보다는 감성이 우선하는 경우가 많다. 논리적으로 옳으면 좋은 것만이 아니다. 대기업방식의 논리로 자신의 주장을 관철시킨 경우, 상대방은 일단 그 자리에서는 승복하는 태도를 보이지만 뒤돌아서면 "말은 그럴듯한데, 그 친구 태도가 마음에 안 들어." 하며 비협조적이기 일쑤다.
» 과거의 직위는 잊어버리는 태도가 좋다. 내가 중역이었는데, 내가 부장이었는데 하는 마인드를 잊지 않으면 실패한다. 반면교사, 남의 실패 사례에서 자신은 실패하지 않는 교훈을 배우는 말이다. 아래 2가지 사례를 반면교사로 활용해 보자.

새 직장 적응 성공 사례

저자에게 가끔 상담을 받는 김전무는 6년 전인 49세때 매출 350억의 국내 화장품회사에서 매출 50억 정도의 일본계 화장품회사로 전직했다. 조직이 불안하고 매출도 적으며 적자상태의 회사였지만 글로벌기업의 한국법인이어서 가능성을 믿고 도전했다. 중견직장인이 재취업을 하면 새로운 환경에 적응을 하지 못하고 1~2년 내로 그만두는 경우가 많은데 김전무는 5년간 잘 적응하며 현재 매출 300억을 넘기는데 공헌했고, 1000억까지 키우는 목표에 도전하고 있다.

김전무도 초기에는 새로운 조직문화에 적응하기가 너무 힘들어 수시로 상담을 요청했으며 그만둘 생각도 여러 번 했다. 가장 큰 문제는 조직문화와 업무권한의 차이였다. 전 회사에서는 상당한 재량권이 있었는데 옮긴 회사는 나이도 한참 어린 일본인 현지 사장이 아주 사소한 경비, 예를 들면 주차비, 유류대금 집행까지도 전부 사장한테 결재를 받게 하고, 접대비 한도도 10만 원으로 하여 애로사항이 많다고 하소연했다. 년차사업계획서도 아주 상세하게 작성하여 9월부터 일일이 일본에 보고, 수정하게 하고, 그러기를 수차례 해야 겨우 통과되었다. 사업계획서에 포함되지 않은 일은 그 다음 해에 기회가 좋다 해도 쉽게 진행할 수도 없게 했다. 전 직장인. 중견 오너계 한국 회사와 소규모 일본 회사는 달라도 너무 달랐다.

기존 조직원 중 일본어가 잘되는 직원들은 사장에게 직접 보고하기 일쑤였으며 회의를 할 때도 일본어를 못하는 김전무는 스트레스를 너무 받았다. 그러나 일단 새로운 조직문화를 이해하려 노력했으며, 업무실적으로 평가를 받아가겠다고 작심했다. 기존직원들의 텃새도 인정하고, 그들을 인간적으로 대우하면서 대화를 나누다 보면 세월이 해결해 주겠지, 하는 긍정적인 마인드로 참았다

연봉도 전 회사보다는 불리한 조건으로 시작했지만 제대로 능력을 평가받을 때까지는 수긍하고 견뎌, 매출이 신장되면서 점진적인 인상에 성공했다. 무엇보다도 지금까지의 인맥, 네트워크를 총동원한 영업활동으로 매출을 크게 신장시키고 흑자도 내는 조직으로 탈바꿈시켜 사내에서 입지도 탄탄

해졌다. 목표 매출 1000억 원을 달성하면 새로운 기회가 올 것이라 생각하며 열심히 활동중이다. 김전무의 성공적 적응사례 요인을 분석해보면 1. 조직문화 너무 달랐으나 이해하려 노력했다. 2. 기존 직원들과의 융화에 노력했다. 3. 너무 리더십스타일이 다른, 게다가 나이도 어린 일본인 사장을 이해하고 잘 보필하려 했다. 4. 본인의 능력을 최대한 발휘했다. 5. 연봉, 복리후생 등의 문제를 회사의 입장에 맞추어 수긍했다 6. 어려울 때 혼자 고민하지 않고 적극적으로 컨설턴트에게 상담했다.

직원들을 무시하고 인간관계에 구축에 실패한 사례

동종기업에 전직한 박팀장은 전에 근무하였던 기업보다 작은 규모의 새 직장에서 업무를 시작했다. 그런데 아직 시스템이 정비되지 못하고, 직원들의 능력도 예전 회사 같지 않다고 느낀 박팀장은 새 직장의 시스템이 잘못되었다고 지적하고, 직원들의 능력이 부족하다고 훈계하는 일이 많았다.
처음에는 "역시 더 좋은 기업의 엘리트를 영입하기 잘했어." 라고 승복하고 따르던 사람들이, 박팀장의 그런 태도가 계속되자 슬슬 짜증을 내기 시작했다. 드디어 박팀장의 태도에 대한 불만을 털어놓기 시작했고, 박팀장의 오만한 태도에 마음이 상하여 사표를 제출하는 직원마저 나왔다. 조직의 안정이 최우선이었던 그 기업의 대표는 여러 경로로 몇 차례 대화를 시도하고 저자에게 상담도 하면서 개선되기를 희망했다. 그러나 정작 박팀장은 이 회사의 문제점을 개선하려는 자신의 충정을 몰라준다며, 자기를 지적하는 사람들을 비난했다. 결과적으로 회사는 박팀장을 더 이상 팀장으로서의 직무를 맡길 수 없게 되어 팀장 직위 박탈의 위기에 몰리고, 그런 분위기를 감지한 박팀장은 사표를 제출했다. 능력 이전에 태도와 인간관계가 우선임을 보여주었다.

기존 공로자들을 존중하지 않아 실패한 사례

전자분야의 중소기업이었는데 코스닥 상장을 하면서 사세가 확장되자 대기업 상무출신을 부사장으로 모셔왔다. 그런데 채 1년이 되지 않아서 사장이 진지하게 상담을 요청해 왔다. 새로 모신 부사장과 기존 창업 멤버인 공장장과 알력이 심하여 직원들도 부사장을 따르는 사람과 기존멤버들로 패가 나뉘어져 골치가 아프니 해결책을 좀 찾아 달라는 것이었다. 그래서 부장급 이상의 간부들과 부사장, 공장장을 차례로 면접을 해보았다. 부사장은 "중소기업은 이래서 문제야, 이렇게 바꾸어야 해" 하며 강한 혁신을 요구했다. 공장장은 "여기가 대기업인 줄 아느냐, 직원들의 실력이 아직 못 미치는데 갑자기 대기업의 시스템을 도입하겠다고 하면 따라갈 수 있느냐." 하며 불만을 토로했다. "어려운 환경속에서 지금까지 회사를 키워온 우리의 공로는 무시하고, 이게 문제야, 저게 문제야 하면서 현재의 문제만 지적하니 아주 듣기 거북합니다. 누구는 개선하기 싫어서 지금까지 이러고 있는 줄 아십니까? 하루하루 급한 불 끄느라 정신이 없다 보니 이렇게 지금까지 왔는데, 그런 이해를 하기보다는 자기의 과거 대기업 사례만 이야기하면서 너희들은 이래서 문제야라고 지적하는 부사장의 태도에 저희들 너무나 자존심이 상해 도저히 견딜 수가 없어요. 우리도 문제는 인식하고 개선을 하려 하지만 부사장의 태도가 기분이 나빠 협력해 주기가 싫습니다."라고 했다.

공장장의 격한 하소연에 문제의 핵심을 알 수 있었다. 기존 직원들의 자존심을 크게 손상시킨 것이 핵심 원인이었다.

좋은 해결책을 찾으려 한 두 번 더 심층면담을 하였다. 부사장에게 공장장을 잘 설득해 가면서 조금 템포를 늦추면 어떻겠느냐고 의중을 타진하였는데, 부사장은 사장이 공장혁신을 위해 자기를 스카웃했는데 나이도 자기보다 어린 공장장이 말을 듣지 않아 내보내야겠다면서 전혀 생각을 굽히지 않았다.

직원들마저 두 패로 나뉘어서 감정 싸움이 격화되었는데, 공장의 대부분의 사원들이 창립 멤버인 공장장 편에 서 있는 바람에 결국은 영입한 부사장이 사표를 내고 나가고 말았다.

새로 조직에 들어가면 그 조직의 문화를 이해하고, 기존 조직원을 존중하면서 자기의 역량을 발휘해야 하는데, 대기업에서 왔기 때문에 중소기업의 직원들을 무시하는 태도가 큰 원인이었던 것이다.

⑤ 탈샐러리맨, 새로운 길

Career Consulting Process / Employee Assistant Program

기로의 4050, 변화의 탐색

자기발견
- 상황분석 (고용환경, 사회변화, 나이, 재무상황, 가족 상황, 건강)
- 가치분석 (능력, 경력, 업적, 전문성, 자격증, 직업역량, 발전성 등)
- 특성분석 (직업적성, 성격특성, 생활사, 가치관, 커리어앵커)

선택 New Start, New Life

S → 브릿지 Bridge
A ↓   B ↘   C ↙   D ↓

전직 · 재취업
1. 동일업종, 이업종
2. 동일직종, 이직종
3. 중소기업 벤쳐기업
4. 해외취업, 기타

E →

탈샐러리맨, 새로운 길
1. 창업, 창직
2. 귀농, 귀어, 귀촌
3. 사회적기업, 해외취업
4. 사회봉사의 길, 은퇴

Target 분야 설정, 기업 탐색
구직활동 방법
이력서, 경력서, 면접
새 출발의 성공자세

각 분야 기본지식과 정보
전문 지원기관, 교육기관
성공 사례 학습
사전준비와 성공포인트

4050, New Start 성공을 향하여

1   탈샐러리맨

"선생님, 서둘러 전직이나 재취업하는 것만 답이 아니라는 말씀 100% 공감합니다. 지금 이 나이에 전직이나 재취업한다고 몇 년 더 다니겠어요. 그러다가 또 나가라고 하면 그때는 나이만 더 들고요. 이번에 회사에서 등떠밀려 나오게 되었는데 선생님과 세미나 진행하면서 차라리 잘되었다, 한 살이라도 더 젊을 때 좋아하는 분야에서 창업을 해보아야겠다는 쪽으로 생각이 기울고 있습니다."

"그러시군요, 좋은 생각입니다. 울고 싶은 아이 뺨 때린다는 말이 있지요. 창업은 수많은 샐러리맨의 꿈이기도 합니다. 그러나 대개 생각만 하다가 기회를 못 잡고 포기하고 말지요. 직장에서 나가라고 할 때가 오히려 결심을 행동으로 옮길 기회입니다. 요즈음은 평균 수명이 무척 늘어서 6~70대 나이도 아주 건강합니다. 50세 후반에 직장을 그만두더라도 최소한 20년은 활동 가능한데 설사 경제적인 어려움이 없다 하더라도 그 많은 시간 무엇 하며 지내겠어요. 후반기 인생, 평생의 업을 찾아 새로운 시도를 해보는 것은 아주 훌륭한 선택입니다."

"그렇게 말씀해 주시니 더욱 용기가 납니다. 선생님, 저는 고등학교 때 바둑프로기사가 되고 싶었지만 부모님의 반대로 꿈을 접고 대학 진학을 했습니다. 그리고 취직하고 결혼하고 그럭저럭 살아왔습니다. 그렇지만 프로기사의 길을 못 걸은 게 늘 아쉽습니다. 시간 나면 바둑책도 읽고, 인터넷바둑도 두어 왔습니다. 퇴직하면 취미인 바둑을 평생 두면서 수입을 올릴 수가 없을까 하고 궁리해왔는데 차제에 행동으로 옮겨야겠습니다."

"좋은 생각이십니다. 오랫동안 그렇게 원해 오셨던 분야에, 재능도 있으시니 그 분야에서 창업을 하는 것은 가장 이상적인 선택입니다. 창업을 해서 실패하는 사람들의 대부분은 창업을 너무 쉽게 생각하고 그저 남이 좋다고 하는 분야에 뛰어들어 실패하는 경우가 많습니다. 자신이 즐겁게 할 수 있는 분야, 자신의 숨겨져 있던 재능을 찾아내어 사전에 잘 준비하면 성공 확률이 높아지고 만족도가 커집니다."

"기왕 이야기 나온 김에 사업구상을 조금만 들려주시겠습니까?"

"예, 일단 창의적인 기원을 오픈해야겠습니다. 이제 바둑이 한국, 중국, 일본, 대만에서만 즐기는 것이 아니고 유럽, 남미 기타 국가들에서도 애기가 늘고 있어요. 조그만 기원을 운영하면서 룸 한 곳에 스튜디오를 차려 유튜브 방송이 가능하도록 하겠습니다. 실시간 대국중계나 기보해설, 기타 바둑교습을 영어로 하면 외국인들과 소통도 하면서 바둑을 더 널리 보급할 수도 있을 것 같습니다. 앞으로는 인공지능 통역이 활성화되면 각국어 버전을 만들 수도 있습니다. 인터내셔널 아마츄어 바둑클럽을 운영하는 것이지요."

그렇다. 유튜브를 이용해 '바둑클럽'을 운영하겠다는 것은 색다른 시도다. 요즈음 초등학생들의 꿈은 대통령이 되는 것이 아니고 유튜버가 되는 것이라고 한다. 인기 유튜버의 수입은 상상을 초월한다. SBS

CNBC(https://cnbc.sbs.co.kr/) 자료에서 방영한 인기 유튜버의 수입자료를 보니까 정말 대단하다. 그러니 유튜버학원이 우후죽순으로 생긴다는 기사가 날 정도로 몇 년 전까지만 해도 상상할 수 없는 일이다.

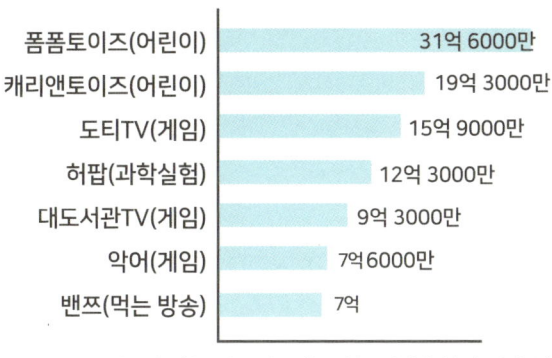

성인남녀 10명 중 6명 이상이 유튜버를 꿈꾸고 월 400만 원 가량의 수입을 기대하는 것으로 나타났다. 사람인이 최근 전국 성인남녀 3543명을 대상으로 설문한 결과, 63%가 '유튜버에 도전할 의향이 있다고 응답했다. 연령별로 보면 20대가 70.7%로 가장 높았으며 30대 60.1%, 40대 45.3%가 뒤를 이었다. 50대 이상도 45.1%에 달했다. 다루고 싶은 콘텐츠는 '일상'이 31.1%로 가장 많았다. 게임 13.9%, 먹방 10.4%, 요리 6.3%, 음악 5.9%, 교육 5.6%, 뷰티 5.1%가

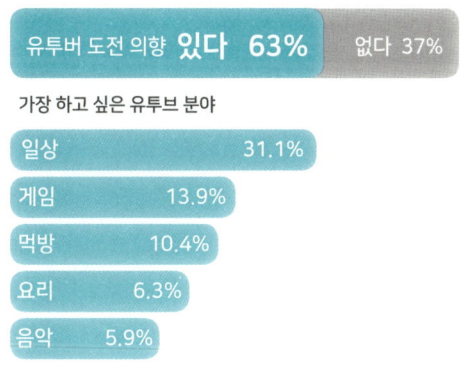

뒤따랐다.

동기별로 보면 '관심 콘텐츠가 있어서'가 48.1%로 가장 많았고, 재미있게 할 수 있을 것 같아서 33.3%, 미래가 유망할 것 같아서 25.3%, 직장인 월급보다 많이 벌 것 같아서 22.2%, 취업보다는 쉬울 것 같아서 10.2% 등 답변이 이어졌다. 다만 유튜버를 본업으로 삼겠다는 응답자는 10%에 불과했다. 응답자의 31.8%는 '일단 도전해보고 고민해보겠다.' 했으며 '부업으로 삼겠다.' 하는 응답도 30%에 달했다. 취미로 하겠다는 답변도 28.1%로 나타났다.*

* 매일경제 기사(2019. 11.02)에서 발췌

유튜버뿐 아니고, 제❹장에서 소개한 일자리 전문웹사이트를 참고하고, 창업, 창직, 귀농, 사회적기업 등에 관한 설명을 참고하면 탈샐러리맨의 아이디어를 얻을 수 있다.

"선생님, 저도 세미나에서 저의 인생플랜의 설계와 재취업의 방향을 잡는 방법을 공부한 것이 큰 수확이었습니다. 제 사정상 아직 최소한 5~6년은 더 직장을 다녀야 합니다. 그렇지만 선생님께서 앞장에서 말씀하신 대로 지금부터 재취업하는 직장은 브릿지Bridge 이론의 한 방편이라고 생각하고, 착실히 창업을 준비해가도록 하겠습니다. 그래서 이번에는 요식업 관련기업을 찾아 재취업하려 합니다. 집사람이 음식 만드는 솜씨가 좋습니다.

앞으로 1인가구가 늘어나고 노인가구가 늘면서 집에서 요리를 하기보다는 매식을 하는 사람이 많아질 것입니다. 저의 부모님도 둘이서 생활하시는데 노인이 되시니까 드시는 양도 줄어 조금 만들어 놓아도 남아서 버린다고 하시고, 무엇보다도 어머니께서 이제는 음식 만드는 것을 싫어하세요. 집사람과 같이 연구하고 팔도를 다니면서 맛있는 음식점 기행을 하며 1인가구, 노인가구를 겨냥한 분야에서 창업을 해보도록 해야겠습니다."

좋은 생각이다. 재취업을 하더라도 10년~20년을 시야에 두고 평생 업으로 할 수 있는 창업준비에 도움이 되는 그런 분야라면 그것은 **탁월한 선택이다.** 샐러리맨, 언젠가는 직장에서 그만두게 된다. 그만두면 맨 먼저 창업을 염두에 둔다. 요즈음은 서비스업이 점점 발달하여 새로운 분야, 새로운 업종이 많이 늘어나고 있다. 다음 장에서 소개하겠지만 매우 기발한 업종이 많다. 저자도 잘 모르는 업종이 아주 많다. 최근에는 귀농귀촌도 늘고 있다. 요즈음은 젊은 사람들도 귀농귀촌하여 도시에서 일류 직장 다닐 때보다 더 큰 수입을 올리는 경우도 많다. 1인기업으로 자유롭게 컨설팅, 강의 활동을 하는 선택도 좋고, 사회적기업도 아주 훌륭한 대안이다. 사회의 약자들을 도우면서 수입도 올리는 사회적기업은 최근 인증기업이 많이 늘어나고 있다. 경험을 살려 새로운 직업을 만드는 창직의 세계도 잘 살펴볼만하다.

2 창업

창업, 자기 회사의 사장이 되는 것은 많은 직장인이 마음속에 간직하고 있는 꿈이다. 직업군인은 별을 다는 것이 큰 꿈이다. 스타가 되는 꿈이다. 대기업에서 스타가 되는 것은 중역이 되는 것이다. 그런데 같이 입사해도 아주 일부만 중역으로 진급하고, 중역이 되어도 그다지 오래 근무하지 못한다.

지금은 사정상 직장생활을 하지만 여건만 되면 원하는 분야에서 창업해야지 하는 생각을 하는 직장인이 아주 많다.

대규모 제조업에서 일자리가 점점 사라지고, 첨단 산업분야, IT분야가 그 자리를 메워가고 있는데, 중견직장인들은 그 근처에 갈 수가 없다. 그 대신 서비스산업분야 등에서 새로운 창업의 기회가 생기고 있다. 제❻장 직업의 세계도 변화한다의 233쪽에서 소개한 새로운 직업군, 새로 뜨는 직업정보, 산업의 변화를 잘 살피면 기회가 보일 것이다. 평소 관심을 가지던 분야, 취미분야에서도 창업을 할 기회도 있다. 직장인들이 퇴직 후 손쉽게 프랜차이즈 창업, 치킨집 창업 등에 뛰어드는데 너무 쉽게 접근하면 고생만 하고, 퇴직금 다 날리는 케이스가 아주 많다. 창업은 어떤 분야든지 절대 쉽게 뛰어들면 안 된다. 주위에서 이것하면 돈 번다든가, 프랜차이즈 설명회를 다녀와서 즉시 결정하면 그것은 실패의 지름길이다. 치밀하게 사전조사를 해야 하고, 발품을 팔며 준비해야 한다. 적성에 맞는지도 살펴보아야 한다.

요즈음은 좋은 아이디어만 있으면 회사 만들기는 쉽다. 1인기업도 좋고 프리랜서도 좋다. 주식회사 설립도 예전같이 어렵지 않다. 저자는 강의, 상담, 경영자문 활동을 하면서 꼭 필요한 것은 휴대폰과 노트북뿐이다. 언제 어디서나 저자가 자리잡고 앉으면 사무실이다. 중소기업청에서 운영하는 창업넷에 들어가면 다양한 온·오프라인 창업교육부터 지원정책, 시니어 기술지원, 다양한 창업사례 등을 접할 수 있다. 소상공인 지식배움터에서는 e-러닝 교육과 경영학교 등 다양한 창업관련교육에 참여할 수 있다.

가장 필요한 것은 관심, 준비 그리고 열정이다.

커리어컨설턴트는 퇴직을 앞두거나 이미 퇴직을 한 클라이언트가 상담을 신청해 오면 '바로 재취업으로 연결시키는 상담 패턴'에서 벗어나 클라이언트가 어릴 때부터 원했던 것, 지금 하고 싶은 것, 직업적성 등을 파악하고 능력이나 적성에 맞는 최선의 선택을 돕는 것부터 시작한다.

그 선택의 길이 창업이면, 창업적성검사, 성격검사 등을 하고, 창업 준비사항도 들어본다. 가장 중요한 의지와 재원 등을 확인하여 가능성을 같이 이야기한다. 가능하다고 판단되면 창업관련 교육기관 정보 등을 제공하면서 창업에 관한 지원을 시작한다. 창업해서 성공한 사람들은 한결같이 말한다.

"회사 다닐 때 이렇게 열심히 일했으면 그 회사 사장이 되었을 텐데……."

그만큼 창업이 힘들고 어렵다는 이야기다.

실제로 창업해서 실패하는 확률이 성공하는 확률보다 높다. 창업에 성공하려면 창업의 성공, 실패의 사례를 많이 살펴보고, 철저히 준비를 해야 한다.

한국EAP협회 커리어컨설턴트 리더 양성 세미나에서 참가자들이 소개한 직장인들의 창업 성공 사례에서 성공의 포인트를 찾아보라.

퇴직- 프랜차이즈 실패 – 재도전에 성공한 사례

김팀장은 대기업에서 팀장까지 하다가 갑자기 회사 구조조정으로 퇴사하고 여느 퇴사자처럼 한동안 방황하였다. 그러다가 남들 다 한다는 손쉬운 프랜차이즈 치킨 매장을 오픈했으나 생각보다 쉽지 않아 6개월 만에 폐업했다. 처음에는 프랜차이즈 본사에서에서 알려주는 상권과 매장 관련 정보만 믿고 오픈했는데 그들이 알려준 것은 단지 참고사항에 지나지 않는다는 것을 아는 데는 6개월밖에 걸리지 않았다.

프랜차이즈 창업 실패의 전형적인 사례다. 너무 쉽게 생각하고 뛰어든 것이다. 6개월의 쓰라린 패배의 경험을 바탕으로 **철저히 연구하고, 직접 발로 뛰면서 솔선수범하여 이루어낸 성공 케이스다.**

» 본인이 직접 매장 오픈할 장소부터 주위의 상권 정보을 수집했다.
» 직원들에 대한 교육도 솔선 수범하여 화장실 청소하는 것부터 배달까지 같이하면서 지도하고, 우리는 함께라는 의식을 심어 주었다. 모든 것을 직접 발로 뛰면서 노력하니 직원들이 잘 따라주었다. 지금은 프랜차이즈 치킨 매장을 3개나 오픈하여 성공적으로 안착했다. 이제는 노하우가 쌓여 다른 종류의 매장으로 확대할 계획을 하고 있다.

조기 퇴직 후 원하던 사업에 도전하여 성공한 사례

(주)봄이네의 최춘이 대표는 34년 동안 교사생활을 했고 근무성적이 좋아서 곧 교장으로 무난히 승진할 수 있었다. 정년퇴직하여 연금생활을 할 수도 있었지만, 평소에 사업에 관심이 많았으며, 특히 어린이들의 건강한 영양간식에 관하여 깊이 생각하면서 제과제빵분야에 많은 정보를 수집하고,

제과제빵기술도 꾸준히 익혔다. 정년퇴직까지 기다리지 못하고 창업을 위해 조기 퇴직을 했다.

오미자가 건강에 좋다는 점에 착안하여 어린이나 임산부도 안심하고 먹을 수 있는 무방부제, 국산농산물을 원료로 오미자빵을 만들어 팔기 시작했다. 창업 초기 많은 시행착오와 우여곡절이 있었지만 그 후 사업은 점점 성장하고 제품도 다양화시켰다. 지역사회와 공생을 도모하는 비즈니스 모델로 성장시키면서 2018년 경북지방 중소기업청장 우수기업 표창도 받았고, 2017년부터는 소량이지만 미국 캐나다에 수출도 시작했다. **관심과 열정 그리고 사전준비 등이 이루어 낸 성공 케이스다.**

대기업 부장에서 목공예 제작회사 창업하여 성공한 사례

대기업 인사부장으로 근무하다가 심한 스트레스로 퇴직한 김부장은 6개월 후 중소기업에 어렵게 취업했으나 다시 스트레스가 심해져 퇴직하고 스트레스 해소 겸 중고등학교 시절부터 관심이 많았던 목공예를 취미로 했다. 목공예 제작품을 주변사람에게 나누어 주었더니 평이 아주 좋았다. 본격적으로 목공예 제작회사를 설립하여 성공했다.

재취업만이 답이 아니라는 것을 알려주는 사례다. 평소 관심이 많던 분야에서 숨은 능력을 발굴하여 성공한 케이스다.

대기업에서 명퇴 후 창업하여 성공한 사례

통신부품 개발회사를 차린 조씨(46)는 KT 입사 후 인터넷 관리, 전송시설 운용, 광 전송장치 관리 등 기술분야에서 근무했다. 외환위기 이후 진행된 구조조정 등을 지켜보면서 앞으로 평생직장은 보장되기 어렵다는 점을 절실히 느꼈고 평소 생각하던 아이디어를 이용한 제품을 개발하고 싶어 명예퇴직을 신청했다. 강원대 정보통신연구소에 7평 크기의 사무실을 얻어 후배와 함께 'GP-LA'라는 회사를 열었다. 사업아이템은 부가가치가 높은 통신관련 제품개발이었다. 퇴직에 앞서 이미 개발에 성공한 초고속 인터넷용

낙뢰보호기와 케이블 조립식접속관이 대표적인 제품으로 조립식접속관은 보수에 비용이 많이 들어가는 기존 케이블 연결부분의 문제점을 개선한 제품으로 이미 특허출원을 한 상태였다.

동아일보 공종식기자(kong@donga.com)기사에서 발췌

조씨의 창업은 비교적 '준비된 창업'이었다.

"아무리 아이디어가 좋다 해도 제품이 잘 팔릴지 모르는 일이어서 '자기 도취에 빠진 것은 아닌가' 불안할 때도 있었습니다."

그만큼 창업은 어려운 일이다. 조씨는 회사를 그만두면서 자녀들에게 아버지의 '비전'을 설명하고 이해를 구했다고 했다. 안정된 직장이지만 어차피 평생보장이 되지 않는다는 점을 간파하고 명예퇴직을 신청하고 창업한 사례다.

조씨의 사례에서 몇가지 창업에 도움이 되는 중요 포인트를 읽을 수 있다.

- » 퇴직전 미리 준비하면 창업하여 성공하기 쉽다.
- » 지원제도 활용: 창업을 지원하는 대학의 시스템을 이용하여 소자본창업으로 초기의 자금문제를 잘 해결했다.
- » 경력과 기술을 살릴 수 있는 분야가 우선적 선택방법이다.

창업 성공의 필수고려요인

프랜차이즈나 해볼까, 만만한 것이 치킨집인데, 무역회사를 차려볼까. 온라인 쇼핑몰이 좋다는데, 최근에 유튜브창업도 잘 된다는데…… 이

런 쉬운 생각만으로는 성공하기 어렵다. 창업하기 전에 체크해야 할 필수 고려요인이다.

창업가 기질, 적성 창업은 아무나 하는 것이 아니다. 선정하는 업종과 품목에 맞는 기질을 갖추어야 한다. 대인영업이 필요한 아이템은 인간관계력을 보아야 한다. 아이템이나 업종에 따라서는 필요한 능력이 달라진다. 기술력, 정보력, 끈기, 창의력 등 분야에 따라 기질과 적성을 살펴보아야 한다.

동기, 목표 창업의 동기나 목적이 확실한지 파악한다. 앞으로 좋아하는 일을 평생의 업으로 하겠다. 사회기여를 하는 일로 업을 하겠다. 최소한 어느 정도의 수입을 올려야겠다.
위와같이 동기와 목표가 확실하면 거기에 맞추어 사업을 구체적으로 구상해 나가야 한다. 재취업이 어려우니 치킨집이나, 프랜차이즈는 어때요, 하는 등의 막연한 동기와 목표설정은 실패의 기본이다.

업종, 품목 성장 가능성이 있는 품목, 틈새시장을 공략할 수 있는 품목이다. 평소에 관심을 갖고 꾸준히 연구를 했거나 자신의 지식이나 경험을 살릴 수 있는 품목이나 분야도 좋다. 새로운 아이디어나 기술을 개발한 경우도 좋다. 남이 좋다고 하는 품목을 경험 없이 시작하지만 않으면 된다.

조직형태 주식회사, 개인회사, 1인기업 등 조직의 형태를 정해야 한다. 각각의 장단점이 있다.

자금력 자금계획을 너무 안이하게 세우면 안 된다. 수입은 예상보다 적고, 지출은 예상을 훨씬 웃도는 경우가 대부분이다. 예상치 못한 문제점이 발생하여 사업이 지연되는 경우 등을 예상하고, 자금력, 자금동원력에 맞추어 시작해야 한다.

지원태세 가족의 지원, 직장동료 선후배의 지원 등 지원태세의 점검이 중요하다. 특히 소자본창업인 경우 가족의 지원이 중요하다.

시기, 장소 경기상황, 아이템의 사이클 등 창업의 타이밍, 시기를 잘 살펴야 한다. 지역, 입지, 상권 등도 중요한 고려요인이고, 온라인쇼핑몰 등도 최근에는 중요한 수단이다.

시장조사, 경쟁사 조사 비즈니스는 자기 혼자만 하는 것이 아니다. 이미 많은 경쟁자가 있기 마련이다. 충분한 시장조사와 경쟁사 조사가 아주 중요하다.

이 외에도 창업에는 고려요인이 한 두 가지가 아니다. 철저한 준비와 조사가 성공의 필수요건이다.

한국창업센터 김태환 대표가 작성한 아래 도표는 창업시장의 현실을 한눈에 알아볼 수 있게 작성한 좋은 자료다.

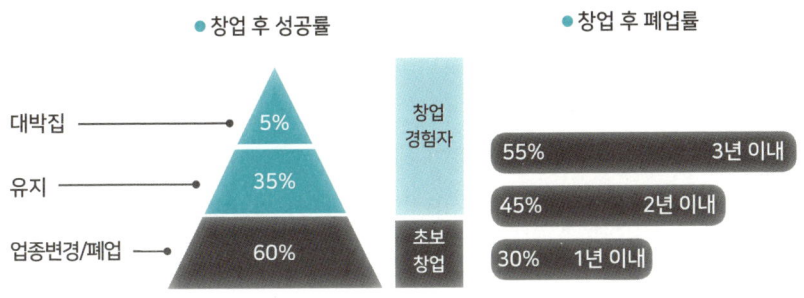

창업시장의 현실/1년에 95만 명이 창업, 83만 명이 폐업

어느 40대 중반 여성 직장인의 상담 사례다.

"선생님, 저도 이제 직장생활 할 만큼 했고 나이도 들어가는데 이제부터는 평생 할일을 찾아 상사 눈치 보지 않는 창업을 하겠습니다."

" 회사에서 무슨 일이 있으셨어요?"

" 예, 상사가 저를 힘들게 합니다."

" 그러시군요. 창업을 하신다면 어떤 분야를 하시고 싶은데요?"

" 예, 화원을 차리고 싶습니다. 평소 관심이 많았습니다. 예쁜 꽃들과 평생 지낼 생각을 하면 벌써부터 가슴이 설렙니다."

" 그렇게 관심이 많은 분야에서 창업을 하시면 평생이 즐거울 것입니다. 그런데 얼마나 준비를 해 오셨는지요?"

" 준비요? 준비는 하지 않았습니다. 꽃을 좋아하니까 일단 회사를 그만두고 본격적으로 차비해 볼 생각입니다."

"그럼 관심만 가지고, 일단 사표부터 쓰시겠다는 말씀인지요? "

준비 없이 창업하는 전형적인 케이스다. 명퇴자나, 정년퇴직자들이 일반적으로 남들이 좋다는 이야기만 듣고, 자기 생각에 도취되어 창업을 하다가는 낭패를 본다. 상사와의 알력도 있고 나이도 들어가니 남들이 다 하는 창업을 해보고 싶었던 것이다.

여러 차례 상담을 하여 아래와 같이 정리했다.

» 사표를 내기 전에 3년간 준비를 한다.
» 주말이면 양재동 꽃시장에서 알바를 한다.
» 시내 화원의 경영정보 등을 수집한다. 농촌진흥청 같은 기관에도 상담한다.
» 유튜브 등을 이용하여 꽃 재배관련 공부를 한다.
» 연차휴가를 이용하여 꽃 재배농원에서 알바를 한다.
» 화훼관련전시회를 견학하고 여러 화훼단지를 방문한다.
» 3년 후에 1) 화원운영, 2) 꽃 재배농원 운영 3) 화훼관련 유통업 중에서 한가지 방법을 선택하여 창업을 한다.

"선생님 감사합니다. 상사 때문에 열받아 즉시 사표 내고 고생할 뻔 했습니다. 일단 2년 정도 준비해 보고, 꼭 해야겠다는 생각이 들면 다시 찾아뵙고 사업구상, 사업계획에 대한 지도를 받겠습니다."

창업포털 K-스타트업 (https://www.k-startup.go.kr)에서 창업과 관련된 다양한 회원서비스를 이용할 수 있다.

» 멘토링플랫폼 운영지원
예비창업자의 창의적인 아이디어를 전문가멘토링을 통해 구체화하고 빠른 사업화를 지원

» K-GLOBAL 창업멘토링(ICT혁신기술 멘토링프로그램)
선배 벤처기업인들이 풍부한 경험과 노하우를 바탕으로 성장 잠재력이 높은 청년창업가에게 기술·경영 애로사항 등을 진단하고 해결방안을 제시하여 혁신성장으로 이끄는 창업멘토링 프로그램

» 실험실창업이노베이터 육성
대학 연구자와 협업하여 실험실 창업 행정·경영 지원활동을 수행할 창업전문가(이노베이터) 육성과 대학 채용 지원

» K-Global 클라우드기반 SW개발환경지원
예비창업자, 스타트업 등 창업 3년 이내 기업을 대상으로 클라우드기반 소프트웨어 개발환경(PaaS/IaaS, 부가서비스 등)을 제공, 제품기획이나 사업화를 위한 자문, 투자과 민간 지원프로그램 연계 등 추진

» K-Global 시큐리티스타트업
정보보호 분야 우수 아이디어와 제품을 보유한 유망 스타트업을 선발하여 멘토링, 네트워킹, 정보보호 인증교육 등 성장지원을 통해 우수 시큐리티 스타트업으로 육성

» 농식품 크라우드펀딩플랫폼 구축·운영
창업 초기에 필요한 자금을 적기에 마련할 수 있는 플랫폼을 구축하여 농식품기업정보를 제공하고, 소액의 자금조달 활성화

» 생활혁신형 창업지원사업
고급기술 필요 없는 생활분야 틈새시장의 생활 혁신형창업을 촉진하여 새로운 일자리 창출과 생계형 업종의 과밀화를 방지

» **여성벤처창업 케어프로그램**

여성벤처창업 CEO 양성플랫폼을 통해 여성벤처 CEO를 꿈꾸는 예비창업자의 창업 성공율 제고

창업넷	중소기업청에서 운영하는 사이트로 예비창업자들을 위한 교육, 자금 등에 관한 정보와 지원사항에 대한 안내를 해준다. 홈페이지: http://www.changupnet.go.kr
소상공인 진흥원	소기업과 소상공인을 지원하기 위해 설립된 기관으로 전국 58개 센터를 운영 중이며, 창업과 관련된 교육과 자금 등을 지원한다. 홈페이지: http://www.seda.or.kr/
서울시 창업스쿨	예비 창업자와 초기 창업자를 대상으로 체계적인 창업관련 교육과정을 운영한다. 홈페이지: http://school.seoul.kr

» 서울 창업허브
» 서울창업디딤터
» 서울산업진흥원
» 서울신용보증재단
» K Startup (창업넷)
» 기업마당
» 한국여성경제인협회
» 한국장애경제인협회

서울창업지원센터 http://seoulstartuphub.com/center

» **소상공인 시장 진흥공단 신사업창업사관학교** https://www.semas.or.kr
» **유튜브의 창업관련 자료 활용하여 학습**
» **정부의 시니어창업지원제도 활용**
  » 중장년기술창업센터 www.kised.or.kr
  » 세대융합창업캠퍼스 www.kised.or.kr
  » 신사업창업사관학교 www.sbiz.or.kr, www.semas.or.kr
  » 중기부 R&D지원사업 www.k-startup.go.kr, www.smatch.go.kr
  » 중장년 일자리희망센터 www.work.or.kr

참고

중장년기술창업센터(창업진흥원https://www.kised.or.kr/) 중장년기술창업센터 운영을 통해 숙련된 경험·네트워크를 보유한 역량 있는 중장년을 발굴하고 One-stop 형태의 창업지원서비스 제공

지원내용

발굴: 대기업·공공기관 등 예비퇴직자 대상 찾아가는 인식교육과 맞춤형 창업교육

교육: 사업아이디어 검증과 사업계획서 구체화를 위한 실전창업 교육과정을 각 센터별로 운영

공간지원: 입주나 코워킹, 네트워킹 공간을 제공하여 다양한 교류를 통한 중장년 창업분위기 조성

보육지원 : 중장년(예비)창업자에게 네트워킹 행사, 멘토링, 경영·마케팅, 사업화 연계 지원

1인 창조기업 활성화

1인 창조기업에 사무공간을 제공하고 교육, 전문가 자문 등의 경영지원, 사업화 지원 등을 통해 1인 창조기업 육성과 창업 활성화를 제고

지원내용

사무공간 : 사무(작업)공간과 회의실, 상담실, 휴게실 등 지원센터 공간 지원

경영지원 : 세무·회계·법률·마케팅·창업 등 전문가 상담, 교육, 정보제공 등 경영지원(무료)

사업화지원 : 1인 창조기업과 외부기관(기업)간 프로젝트 연계와 수행 기회 제공, 지식서비스 거래나 사업화 지원

시설이용 : 팩스, 프린터, pc 등 사무용 집기 이용 지원

3   창직

중장년층의 일자리 대안으로 창직이 필요하다. 대부분의 사람들이 창직을 이야기하면 흥미롭게 듣는다. 창직創職은 개인의 지식, 기술, 네트워크를 활용한 창조적 아이디어와 일자리 창출 활동을 통해 새로운 직업을 발굴함으로써 스스로 일자리를 만들어 노동시장에 진입하는 것이다.

개발한 직업이나 축적한 직업역량을 통해 취업, 창업할 수 있으며 프리랜서로도 활동할 수 있다. 베이비부머 등 중장년층은 재취업이 쉽지 않아 창업할 수밖에 없으나 주로 음식점 같은 레드오션 분야를 선택하면 성공할 확률이 매우 낮다. 반면 청년층보다 경험이 풍부하고 기술과 네트워크가 갖추어져 창직 성공률이 높을 것으로 판단된다. 2016년은 중장년층을 위한 창직활동의 원년이며 아직까지 이들을 위한 안내책자는 전무하여 한국고용정보원에서 중장년층이 원활히 창직활동을 할 수 있도록 정보를 담은 「2016 우리들의 직업만들기」를 개발했다.(상세 pdf자료를 다운로드해서 이용하면 좋습니다.)

	[격월간] 2015년 3월호 고용이슈(제8권 제2호)			
	창직(創職)-직업 만들기- 해외 직업 분석			
	저자	김중진	발행일	2015년 04월 28일
	주제/대상	공통	조회수	3163
	키워드	창직 직업 해외직업		
	원문PDF	다운로드1921회	e-book 바로보기	조회267회

창직을 하면

» 창업을 하거나
» 프리랜서로 활동하거나
» 그 사업 아이디어로 취업을 할 수 있다.

은행 전산실 본부장으로 퇴직한 분의 사례다. 자신의 전문성 중 컴퓨터 조립이라는 부분을 특화해서 실버들을 위한 컴퓨터를 판매한다. 사무실이나 점포 없이 명함과 클리어 파일 하나로 영업을 하며 고객을 주로 소개받아 확보한다. 이는 컴퓨터와 실버를 융합한 창직이라고 할 수 있다.

창직정보

국내

» 한국직업정보시스템　　　　　know.work.go.kr
» 한국직업사전, 한국직업전망, 우리들의 직업만들기

해외

» O*NET(미국)　　　　　　　　www.onetcenter.org
» 직업전망(OOH, 미국)　　　　　www.bls.gov
» NCS(National Career Services, 영국)　nationalcareerservice.direct.gov.uk
» 헬로우워크(일본)　　　　　　　www.hellowork.go.jp B
» ERFUNET(독일)　　　　　　　www.berufnet.arbeitsagentur.de/berufe
» 미래직업(World Future Society, 미국)　www.wfs.org

4 귀농·귀어

퇴직을 하고 귀농, 귀촌, 귀어하는 직장인이 늘어가고 있다. 귀촌은 은퇴하고 시골에 내려가 텃밭이나 일구면서 여생을 지내야지 하는 것이다. 귀농(농업)과 귀어(어업)는 귀촌과 같은 은퇴의 개념이 아닌 전업의 개념이다.

최근 베이비부머가 많이 퇴직하면서 도시의 생활, 도시의 직장을 떠나 귀농, 귀어, 귀촌하는 사례가 늘어가고 있으며 귀농에서 억대의 수입을 올리는 사례도 늘어가고 있다. 전통적인 농사, 어업보다는 특용작물, 건강한 먹거리의 수요가 늘어가고, 판매 채널도 다양화해지면서 이 분야에서 많은 직장인들이 제2의 인생을 꿈꾸고 있다.

농림축산식품부에 따르면 2000년까지는 미미했지만 최근 몇 년 사이 해마다 폭발적으로 늘어나고 있다.

» 2018년 귀농인은 12,055명
» 2018년 귀촌인은 472,474명
» 2018년 귀어인은 986명

귀농사례다.

공과대학을 나와 직장에 다니다가 본의아니게 퇴직하여 무역회사를 차렸는데 뜻대로 운영이 되지 않아 고민을 하던 중 하우스맥주 붐이 불 때 우연히 조그마한 하우스맥주 생산업체에 취직을 하게 되었다. 거기서 몇 년 근무하면서 발효공학에 관심을 가지게 되었고 그 분야의 연구를 하였다. 우리의 전통 발효식품인 된장, 간장, 고추장을 만들어 보려고 고향으로 내려가 조그마한 규모로 시작을 했다. 회사 이름을 '한된장'이라고 하고 한국의 전통적인 맛을 계승하는 것을 목표로 삼았다.

그렇게 만든 제품을 친지, 지인들을 통해 판매하면서 입소문이 나자 고객이 많이 늘었다. 식당 몇 군데 납품을 하기 시작했고 온라인 판매도 하면서 매출이 계속 늘었다. 포장 디자인도 아들 딸들의 아이디어를 받아 세련되어지고, 홈페이지도 단장을 했다. 규모는 작지만 자녀들도 다 성장하여 부부 둘만이 생활할 정도의 수입은 충분히 생기고, 큰 스트레스 받지 않고, 힘들지 않고 건강이 허락하는 한 계속할 수 있어서 좋다고 했다.

귀농을 하려면

귀농귀촌종합센터에서 제공하는 안내와 상담을 받으면 좋다. 전국 지자체는 귀농, 귀촌 희망자 유치에 힘을 쏟고 있으므로 제도적 도움을 받으면 좋다. 각 지자체 홈페이지를 통해 지원 내용을 확인할 수도 있으며 창업자금도 지원받을 수 있다.

귀농귀촌프로세스는 아래와 같다.(귀농귀촌종합센터 자료)

STEP1 귀농 정보를 수집/자가진단(귀농귀촌종합센터) 농업관련기관과 단체, 농촌 지도자, 선배 귀농인을 방문하여 필요한 정보를 수집한다.

STEP 2 가족들과 상의 가족들과 귀농결심에 대한 충분한 의논 후에 동의를 얻는다.

STEP 3 어떤 작물을 기를까 자신의 여건과 적성, 기술수준, 자본

능력 등에 적합한 작목을 신중하게 선택한다.

STEP 4 영농기술 습득 귀농귀촌 자체교육을 포함한 귀농자 교육프로그램과 귀농에 성공한 농가 견학, 현장 체험을 통해 충분히 영농기술을 배우고 익힌다.

STEP 5 정착장소를 정한다 자녀교육 등 생활여건과 선정된 작목에 적합한 입지조건이나 농업여건 등을 고려하여 정착지를 물색하고 결정한다.

STEP 6 주택과 농지를 구매 주택의 규모와 형태, 농지의 매입여부를 결정한 뒤 최소 3~4군데를 비교 후 선택한다.

STEP 7 영농계획 수립 농산물을 생산하여 수익을 얻을 수 있을 때까지 최소 4개월에서 길게 4~5년 정도 걸리므로 초보 귀농인은 가격변동이 적고, 영농기술과 자본이 적게 드는 작목 중심으로 영농계획을 수립한다.

귀농귀촌종합센터 우수사례 상세정보 '산란계는 나의 반려자'

"직장생활은 어떻게 보면 돈 때문에 남의 인생을 사는 거잖아요. 귀농해서는 내 인생을 살고 있어요."

귀농 전에는 직장에 얽매였지만, 귀농 후에는 하고싶은 대로 하는 삶이라서 좋다. 물론 수입도 직장생활할 때보다 많다. 현재 년매출이 10억인데, 지금 짓고 있는 계사가 완공되면 20억은 될 것이다.
"산란계는 매일 알을 낳으니 시간이 없어요. 하루도 쉬는 날이 없으니 어디

멀리 갈 수가 없고, 갔다가도 저녁이면 와야 합니다."

이제 어느 정도 규모도 갖추었고, 확실한 거래처도 생겼으니 외국인 노동자 두 부부와 함께 농장을 돌본다. 내국인과도 일을 했는데, 며칠 버티지 못하고 가버리기 일쑤였다. 게다가 뻔히 할일이 보이는 데도 일손을 놓는 경우가 많았다. 그럴 때마다 아내가 고생했다. 초창기에는 사람을 둘 수 없어 아내와 둘이 했지만 지금도 아내는 일손을 놓지 않는다. 아내가 있었기에 지금의 결과를 얻을 수 있었다.
"아내도 반려자지만, 산란계도 반려자입니다."

슬하에 아들 둘이다. 큰아들은 유학 갔고, 둘째는 군대에 갔다. 그는 두 아들들에게 말하곤 했다. 너희들에게는 지금까지 줄만큼 주었으니 물려주지 않을 것이다. 재산에 눈독을 들이지도 말고, 아예 생각지도 말라고 했다. 그도 제로에서 시작했기 때문에 자식들도 제로부터 시작해서 살라고 한 것이었다. 그의 재산에 관한 철학은 거창하지 않다. 쓸 만큼 벌어서 적당히 쓰고 갈 때는 빈손으로 가는 것. 그의 아내 또한 그런 생각이다. 그러니 일이 힘들다는 생각이 들 리 없다. 그는 즐거운 마음으로 오늘도 땀을 흘린다.

귀농관련 정보

귀농귀촌아카데미

교육목적 귀농귀촌 희망 도시민과 은퇴예정자의 안정적인 귀농귀촌 정착 지원을 위해 교육프로그램이나 정보 제공
교육대상 귀농귀촌 희망자나 예정자
교육일정 연중(2~11월)
교육장소 귀농귀촌종합센터 교육장(서울시 서초구 강남대로 27 aT센터 4층)
교육내용 이론과 사례 중심의 귀농귀촌 기초소양교육

교육문의 귀농귀촌 종합상담 : 1899-9097

도시민 농촌유치지원사업 농림축산식품부에서 농어촌지역의 고령화 저출산 등 인구감소로 어려움을 겪고 있는 농어촌지역의 활력증진 제고와 귀농귀촌 정주 여건 조성을 지원하는 사업. 도시민 유치 의지가 높은 전국 72개 지자체(수도권 및 광역시 제외)를 선정하여 도시민 유치와 귀농·귀촌을 연계한 도시민 농어촌유치프로그램 운영에 필요한 사업비를 지원한다. 2019년부터는 주민 융화프로그램 운영 등 소프트웨어 사업비 비중을 상향 조정(40%→50%)하여, 귀농·귀촌 초기 안정적 정착에 실질적 도움이 되도록 했다.

농협미래농업지원센터 농업분야의 새로운 가치와 기회를 만들고, 농식품 아이디어 허브와 미래농업의 요람으로 자리잡아 새로운 일자리 창출과 농가소득 향상에 이바지하기 위하여 설립된 기관이다.

스마트팜 비닐하우스·축사에 ICT를 접목하여 원격·자동으로 작물과 가축의 생육환경을 적정하게 유지·관리할 수 있는 농장

귀어귀촌(귀어귀촌종합센터 자료 참고)

귀어귀촌 개념

귀어업인 농어촌 이외의 지역에 거주하는 농업인과 어업인이 아닌 사람이 어업인이 되기 위하여 어촌 지역으로 이주한 사람으로서 아래의 요건을 모두 갖춘 사람.

농어촌지역으로 이주하기 직전에 농어촌 외의 지역에서 1년 이상 주민등

록법에 따른 주민등록(이하 "주민등록"이라 한다)이 되어있던 사람이 농업인 또는 어업인이 되기 위하여 농어촌지역으로 이주한 후 주민등록법에 따른 전입신고(이하 "전입신고"라 한다)를 한 사람

어업인에 해당하는 사람 단, 이 지침에서는 어업에 종사하지 않고 있더라도, 익년도까지 본 자금으로 창업할 자는 어업인으로 봄

귀어촌인 농어업인이 아닌 사람 중 어촌에 자발적으로 이주한 사람으로서 어촌지역으로 이주하기 직전에 어촌 외의 지역에서 1년 이상 주민등록이 되어 있던 사람으로서 어촌지역으로 이주한 후 전입신고를 한 사람

지원정책 귀어귀촌 창업과 주택구입, 청

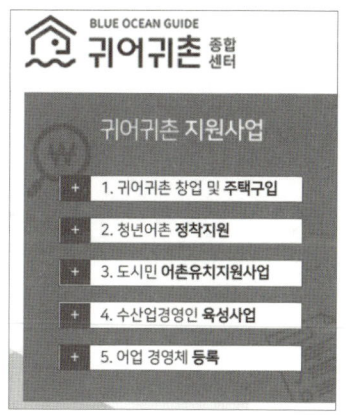

년어촌 정착지원, 도시민 어촌유치사업, 창업어가 멘토링, 수산업경영인 육성사업, 어업경영체 등록, 귀어학교, 귀어귀촌 홈스테이, 귀어닥터

귀농관련 도움기관 정보

창업포털 K-스타트업(https://www.k-startup.go.kr) **농식품 크라우드펀딩플랫폼 구축·운영사업**

창업 초기에 필요한 자금을 적기에 마련할 수 있는 플랫폼을 구축하여 농식품기업 정보를 제공하고, 소액의 자금조달 활성화

지원대상 농업, 농촌, 식품과 관련분야 아이디어나 기술력 등을 바탕으로 사업을 영위하면서 크라우드펀딩에 관심을 가지고 준비중인 농식품기업

지원예산과 규모 660백만원 플랫폼 2개사(오마이컴퍼니, 크라우디) 운영

지원내용
» (농식품 크라우드펀딩플랫폼) 농식품 크라우드펀딩플랫폼 구축과 운영
» (현장코칭) 크라우드펀딩 참여 희망업체 대상 컨설팅 비용 지원
» (맞춤형 컨설팅) 크라우드펀딩 참여업체 컨설팅 비용 지원
» (수수료 지원) 크라우드펀딩 성공 업대상 등록, 성공 수수료 지원
» 농식품 크라우드펀딩 전용관 http://www.agrocrowd.kr/ 참고

크라우드펀딩이란 농식품기업이 창업초기에 자금을 마련할 수 있도록 크라우드펀딩 온라인플랫폼을 활용하여 다수의 소액 투자자로부터 자금을 조달하는 행위

농식품 크라우드펀딩 유형 투자형(증권형) : 투자자에게 증권(채권)을 발행하여 지분, 배당, 이자 등을 제공 후원형(리워드형) : 투자자에게 제품이나 서비스 등을 제공

문의처
» 농림축산식품부 농산업정책과　　(044-201-2421~2)
» 농업정책보험금융원 투자기획부　　(02-3775-6775)

5 사회적기업 창업

4050 또하나의 가능성으로 사회적기업에 주목해 볼만하다.

사회적기업 성장세 지속

사회적기업은 미국, 유럽 등에서 활발히 전개하고 있는 기업형태로 한국에서 사회적기업은 계속 증가하고 매출도 늘어나고 있다. 2007년 제1차 37개업체 인증에서 현재 2306개 업체 인증으로 상승세 지속중이다.

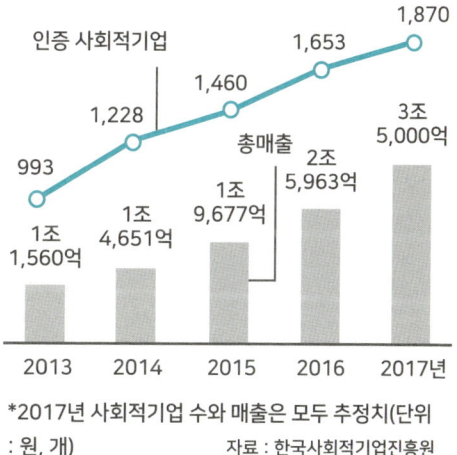

늘어나는 사회적기업 매출

*2017년 사회적기업 수와 매출은 모두 추정치(단위 : 원, 개)
자료 : 한국사회적기업진흥원

사회적기업의 개념

사회적기업Social Enterprise **이란** 영리기업과 비영리기업의 중간 형태로, "취약계층에게 사회서비스나 일자리를 제공하거나 지역사회에 공헌함으로써 지역주민의 삶의 질을 높이는 등의 사회적 목적을 추구하면서 재화나 서비스의 생산·판매 등 영업활동을 하는 기업(조직)으로서 사회적기업육성법 제7조에 따라 고용노동부장관의 인증을 받은 기관이다.

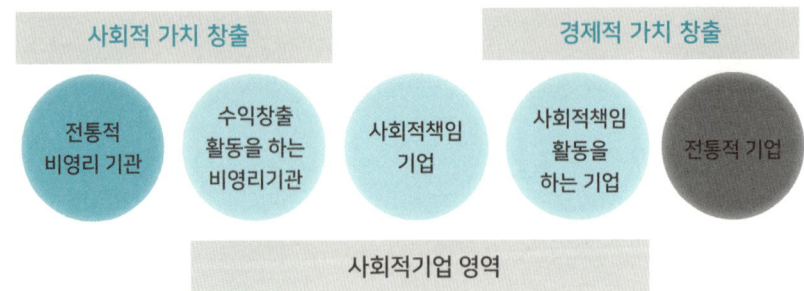

영리기업이 주주나 소유자를 위해 이윤을 추구하는 것과는 달리, 사회적기업은 사회서비스를 제공하고 취약계층에게 일자리를 창출하는 등 사회적 목적을 조직의 주된 목적으로 추구한다는 점에서 차이가 있다.

예비사회적기업은

사회적기업 인증요건을 갖추지는 못하였으나 사회적 목적 실현 등 사회적기업으로서의 실체를 갖춘 기업으로서 사회적기업으로 전환, 육성하기 위하여 중앙행정기관의 장이나 자치단체장이 인증한 기업이다.

사회적기업의 유형

일자리 제공형	노약자, 장애인, 한부모가정 등의 취약계층에게 일자리를 제공하는 경우 (전체 임금노동자 중 취약계층의 고용비율이 30% 이상) 장애인을 고용할 때에는 장애유형에 맞는 일자리 제공
사회서비스 제공형	취약계층에게 사회서비스를 제공하는 경우 (사회서비스를 제공받는 취약계층의 비율이 50% 이상)
혼합형	취약계층에게 사회서비스를 제공하는 경우 (사회서비스를 제공받는 취약계층의 비율이 30% 이상)

지역사회 공헌형	아래 세가지 중 한가지를 만족하는 경우 1. 지역의 인적 물적 자원을 활용하여 지역주민의 소득과 일자리를 늘림으로써 사회에 공헌 2. 지역 빈곤, 소외, 범죄 등 사회문제를 해결 3.지역의 사회적 목적을 추구하는 조직을 지원
기타형	사회적 목적의 실현 여부를 위에 표시된 취약계층 고용비율과 사회서비스 제공 비율 등을 정량적으로만 판단하기 곤란한 경우 사회적기업 육성위원회의 심의를 거쳐 고용노동부장관이 사회적 목적의 실현 여부를 판단

취약계층이란

저소득자, 고령자, 장애인, 결혼이민자, 여성가장, 장기실직자, 북한이탈주민, 청년, 경력단절여성 중 고용촉진지원금 지급대상자, 노숙인, 갱생보호대상자, 가정폭력피해자, 범죄구조해자, 성매매피해자, 한부모가족 지원법상 보호대상자, 난민 기타 (알콜 도박 중독자 학교밖 청소년 등)

사회서비스란

교육, 청소 등 사업시설관리, 보육, 고용서비스 등 사업지원서비스, 사회복지, 간병및 개인서비스, 환경, 가사지원, 문화예술, 관광, 운동, 산림보전과 관리

사회적기업의 요건

» 조직형태
  주식회사, 유한회사, 비영리민간단체, 영농(영어)조합법인, 사회적협동조합, 사단법인, 사회복지법인 등
» 유급근로자 고용
  유급근로자(고용보험에 가입된자) 1명 이상을 고용하여야 한다.

단, 목적이 일자리제공형인 경우는 신청 전 6개월 평균 3명 이상을 고용해야 한다.
» 이윤의 2/3
사회적 목적으로 재투자하여야 한다.

사회적기업 인증요건

사회적기업육성법 제8조의 인증요건과 인증절차를 밟아야 한다. 사회적기업으로 인증받으려는 자는 다음 각 호의 요건을 모두 갖추어야 한다.

» 「민법」에 따른 법인·조합, 「상법」에 따른 회사·합자조합, 특별법에 따라 설립된 법인이나 비영리민간단체 등 대통령령으로 정하는 조직 형태를 갖출 것
» 유급근로자를 고용하여 재화와 서비스의 생산·판매 등 영업활동을 할 것
» 취약계층에게 사회서비스나 일자리를 제공하거나 지역사회에 공헌함으로써 지역주민의 삶의 질을 높이는 등 사회적 목적의 실현을 조직의 주된 목적으로 할 것. 이 경우 그 구체적인 판단기준은 대통령령으로 정한다.
» 서비스 수혜자, 근로자 등 이해관계자가 참여하는 의사결정구조 갖출 것
» 영업활동을 통하여 얻는 수입이 대통령령으로 정하는 기준 이상일 것

사회적기업 지원내용

참여자격

» 사회적기업육성법에 따라 고용노동부장관이 인증한 사회적기업
» 광역자치단체장이 지정한 지역형 예비사회적기업
» 중앙행정기관의 장이 지정한 부처형 예비사회적기업

지원기간

지원 개시일로부터 '12개월'을 원칙으로 함
» 일자리창출사업을 통해 지원받을 수 있는 기간은 최대 5년
» 예비사회적기업 : 지정일로부터 3년이내 최대지원기간 2년
» 사회적기업 : 인증 후 최초 지원개시일로부터 5년 이내 최대 3년

지원내용

» 최저임금 수준의 참여근로자 인건비
» 사업주가 부담하는 4대보험료의 일부(9.36%)

지원수준 <2019년 이후 인·지정 기업>

» 예비사회적기업: 1~2년차 각 50%
» 사회적기업: 1~3년차 각 40%
  취약계층 20%p 추가지원
» 지원인원: 최대 50인
» 지원기간: 예비사회적기업 2년, 인증사회적기업 3년
» 저소득층에 대한 지원수준: 취약계층 중에서 가구 월평균소득이

전국 가구 월평균 소득의 100분의 60 이하인 사람(이하 저소득층이라 함)에 대한 지원비율

예비사회적기업 : 1년차 80%, 2년차 70%

사회적기업 : 1년차 70%, 2년차 60%, 3년차 40%+20%(계속 고용)

사업개발비지원(기술개발, R&D, 홍보 마케팅 등 경영능력 향상 사업비 지원)

연간 1억(예비사회적기업 5천만원), 최대 3억원

(자부담 1회차 10%, 2회차 20%, 3회차 30%)

기타지원

세제지원(법인세 소득세 3년간 100%, 그후 2년간 50% 감면)

경영지원, 공공기관 우선 구매권고, 시설비지원 등

사회적기업의 사례

㈜함께 일하는세상

2002년에 출범하여 노동소외계층이 질 좋은 일자리를 가지도록 돕고, 일을 통해 스스로 건강한 삶을 영위할 수 있도록 지원하는 것과 사회적경제 생태계가 지역사회에 건강하게 뿌리내리도록 돕는다. 서울시사회적경제지원센터, 공공구매영업지원단 위탁운영, 경기도 따복공동체지원센터 공공시장지원단 위탁운영, 서울시 '창동' 중소기업 전시판매장(유통매장) 위탁운영

사회복지법인 위캔

2007년 사회적기업으로 인증받았다. 장애인에게 일자리를 제공하기 위하여 우리밀로 만드는 쿠키사업, 카페사업을 하고 있다. 위캔은 지적장애인 사회에서 '삼성'으로 통한다. 위캔의 성장속도는 그만큼 강하고 지속적이

다. 사회적기업으로 인증된 후 연평균 20퍼센트 가량 성장세를 보인다. 지적장애인들이 제조를 담당하고 있다는 점을 감안하면 놀라운 실적이다.

다솜이재단

한국사회적기업 1호. 저소득층 환자를 무료로 보살펴주고 실직이나 빈곤으로 어려움을 겪는 사람들에게 자립의 기회를 제공한다. 기업의 사회공헌활동과 일자리제공의 새로운 모델이다. 2004년 교보생명이 사회공헌활동을 모색하면서 함께일하는 재단과 공동으로 무료간병활동을 시작하며 출범했다.

한옥문화원

2000년 전통한옥의 우수성과 그 문화를 알리기 위해 설립. 2008년 사회적기업 인증. 2010년 2월 서울형 사회적기업으로 선정되어 교육·출판·건축·연구 등의 활동을 한다. 5,000년 한옥의 가치와 아름다움을 계승·발전시켜 내일의 건축과 주거문화를 풍요롭게 가꾸며, 한옥의 가능성과 해법을 모색하는 핵심적 역할을 하려고 한다. 또 한옥과 그 문화 전반의 정보와 사람이 만나고 퍼져나가는 드넓은 마당이 되고자 한다.

기타 국내 사회적기업 사례들

장애자들의 차별없는 여행 지원, 두리함께
가정내 돌봄과 여성 일자리창출을 목적, 성동행복한 돌봄
도박중독 회복자들의 건강한 사회복귀, 깜밥이 날다
장애와 비장애를 넘어 공존의 세상, 시각장애인 예술단, 한빛예술단
IT복지로 세상을 바꾼다, 한국컴퓨터재생센터
신나는 문화예술 놀이터, 자바르떼
꿈을 반죽하고 희망을 굽는 기업, 쿠키트리
건강공동체를 실현하는 사회적기업, 민들레 의료생활 협동조합

꿈꾸는 사람들과 함께 행복을 만들어가는 통합돌봄센터, YMCA 서울아가야
대한민국 대표 환경분야 전문 사회적기업 주식회사 IT그린
눈을 대신해 도서로 사랑을 전하는 기업, 도서출판 점자
9988 신노인 전성시대, 한국씨니어연합
세대와 지역을 넘어 문화와 사람을 잇는 기업, 이음
생명의 콩, 나눔의 콩, 순환의 콩 콩세알 나눔센터
청소를 통해 희망을 만드는 기업, 함께 일하는 세상
아름답고 건강한 세상을 만드는 착한 기업, 민족의학연구원
우리의 소리로 내일을 일구는 사회적기업, 문화마을 들소리
농업을 살리고 환경을 살리는 사회적기업, 흙살림
세상을 변화시키는 여행자들, 사회적기업 트레블러스 맵
공공문화의 새로운 지평을 열다. 공공미술 프리즘
경력 단절 여성들의 희망일터, 역사교육전문 사회적기업 우리가 만드는 미래
집을 통해 내일의 희망을 전하는 집수리 사회적기업, 빛고을 건설

세계적인 사회적기업

이제 사회적기업은 세계적인 트렌드의 하나로 자리 잡고 있으며, 모범적인 사례도 많이 나오고 있다. 다음은 성공한 세계적 사회적기업의 사례들이다.

굿윌

굿윌Goodwill Industries International, Inc은 1902년 미국의 에드가 헬름스목사가 설립한 세계적으로 성공한 사회적기업이다. 장애가 있는 사람들을 위해 직업 훈련, 고용 배치 서비스와 기타 지역사회기반프로그램을 제공한다. 기부받은 헌옷이나 폐품을 손질해서 되파는 사업을 한다. 이 회사는 미국과 캐나다에 158개 조직이 3300개 이상의 가게를 운영하며, 그외 세계 12개국에서 사업활동을 하고 있다.

앙비

앙비Envie는 1985년 6명이 일하는 작은 조직에서 출발한 프랑스의 사회적 기업. 2000년에는 560명이 일하는 큰 규모의 사회적기업으로 발전했다. 가전제품 재활용업을 하는 근로 능력이 있는 실직 빈곤계층을 고용한다. 폐전자제품을 분해하여 재활용이 가능한 금속 부속은 재활용업체에 판매하고, 수리할 수 있는 제품은 수리하여 저소득층에 저렴한 가격으로 제공한다.

루비콘프로그램즈

루비콘프로그램즈Rubicon Programs는 1973년 캘리포니아 지역시민들이 정신장애인, 빈곤층, 노숙자들의 삶의질을 향상시키고, 벗어날 수 있게 하기 위하여 설립했다. 루비콘 조경서비스는 소규모 종묘소매상으로 시작하여, 조경관리 사업부문과 조경공사 사업부문으로 규모가 커졌으며 루비콘베이커리는 노숙자, 정신장애, 마약, 알콜중독자 등에게 직업훈련과 일자리를 제공하고 있다.

그린웍스

그린웍스Green Works는 컬린크룩스Colin Crooks가 2000년에 설립한 사회적기업으로 방대한 양의 사무가구가 일상적으로 폐기되고 있으나 비영리기관들이 적절히 쓸만한 가구들을 갖추고 있지 못한 것에 착안하여 가구재활용사회적기업을 설립하고, 중고가구를 수거하여 보수한 후 학교나 자선단체, 지역사회 등에 할인가격으로 판다. 제3세계국가에 무료로 기증하는 등 친환경적인 재활용사업도 펼치고 있다.

파이어니어 휴먼 서비시즈

파이어니어 휴먼 서비시즈Pioneer Human Services는 알콜중독자이면서 횡

령죄로 수감되었던 전직 변호사 잭 달톤Jack Dalton이 설립한 미국의 대표적 사회적기업이다. 알콜중독자, 집없는사람, 전과자, 실업자 등을 위해 고용, 교육사업을 성공적으로 수행하고 있는 이 회사 직원의 85%가 알콜중독자와 전과자다. 보잉 항공사에 부품을 납품하는 파이어니어 인더스트리즈, 스타벅스 직원식당을 운영하는 파이어니어 푸드 서비시즈, 택배회사 등 10여 업체를 운영하는 그룹 수준의 사회적기업으로 발전하였다. 발생한 이익은 더 많은 사람을 고용하기 위해 재투자되거나 직원들을 위한 상담·치료, 교육·훈련, 주거시설 제공에 쓰인다.

6 해외에서 새로운 길

해외에서 일하는 방안을 찾아보는 방법도 있다. 한국의 해외진출기업, 한국국제협력단KOICA, 한국무역진흥공사KOTRA 등을 노크하면 가능성을 찾을 수 있다.

해외취업, 중장년 일자리 '블루오션' 중장년 퇴직자에게 적합한 직무를 개발, 양질의 일자리를 제공하는 과제는 당사자뿐만 아니라 국가·사회적으로도 매우 중요해졌다. 하지만, 중장년 구직자가 마땅한 일자리를 찾기란 하늘의 별따기다.

이때문에 최근 중장년 근로자의 해외취업에 대한 논의가 활발하다. 특히 과거 한국이 그랬던 것처럼 산업과 사회발전을 꾀하는 개발도상국으로 눈을 돌리면 기술과 경험이 풍부한 중장년 구직자들에게 일할 기회가 다양하게 주어진다.

아직은 전문직에 제한된 꿈같은 이야기라 해도 틀린 말은 아니지만, 하나의 대안으로 떠오르는만큼 관심을 가져볼만하다. 그런데도 중장년의 해외취업은 구직난 해소를 위한 돌파구가 될 수 있다.

국내 취업시장은 여의치 않지만 국제원조나 공적개발원조ODA, Official Development Assistance 분야로 눈을 돌리면 의외로 많은 일자리를 찾을 수 있기 때문이다. 특히, 우리나라가 '원조를 받는 나라'에서 '원조를 제공하는 나라'로 성장하면서 ODA는 전문직을 중심으로 중장년 퇴직자들에게 하나의 돌파구가 될 수 있다는 분석이다. 우리나라에서 가장 대표적인 ODA는 외교부 산하 한국 국제협력단(KOICA, 이하 코이카)의 '중장기자문단'과 산업통상자원부 산하 정보통신산업진흥원NIPA이 운영하는 '퇴직전문가 해외파견사업'이다.(서장현 기자 mainage@naver.com)

중장기자문단

외교부 산하 코이카의 중장기자문단World Friends Advisors의 해외파견사업과 산업통상자원부 산하 정보통신산업진흥원NIPA의 퇴직전문가 파견사업은 퇴직 전문인력의 해외진출을 활성화하는 한편, 정책자문, 지식전수를 통해 우리나라의 경제발전 경험을 개도국의 경제·사회개발과 빈곤퇴치로 연계하는 대표적인 프로그램이다. 프로그램 참여자들은 6개월~1년 동안 현지에 파견되어 활동을 한다. 중장기자문단은 소득이 낮은 개발도상국을 대상으로 행정, 교육, 의료, 농업 등 매우 다양한 분야의 정책자문과 지식전수를 담당한다. 2011년 중장기자문단의 경우 참가자 대부분이 50대(52.3%)와 60대(34.1%)였다.

퇴직전문가 파견사업은 정보통신, 에너지자원, 산업기술 등 우리나라가 갖고 있는 산업발전과 개발 노하우를 전수한다. 2011년 기준, 역시 참가자 대부분이 50대(50.0%)와 60대(46.0%)였다.

지난해 3월 모집한 제10기 중장기자문단의 경우 25개국 35개 직종에 참가자를 선발했다. 모집직종은 매우 다양하다. 지원대상은 학사학위 이상 소지자 가운데 관련분야 10년 이상 경력의 퇴직(예정)자다. 영어나 파견 국가의 언어로 강의할 수 있거나 자문 또는 보고서 작성이 가능하면 우대된다.

선발인원에게는 주거비를 포함한 현지 생활비로 매월 4000달러와 함께 500달러의 현지 활동비가 지급되며, 왕복항공료, 출국준비금, 재해보험료 등도 지원된다.

한국국제협력단 www.koica.go.kr, 031-740-0114,
정보통신산업진흥원 www.nipa.kr, 02-2141-5000

7 사회봉사의 길

퇴직자, 은퇴자들이 경제적으로 어느 정도 여유가 있다면 자원봉사는 아주 훌륭한 선택이다. 직장생활, 사회생활을 활발하게 하고 능력도 있는 이가 퇴직 후 무료하게 지내는 것을 보면 안타깝다.

자원봉사volunteer라는 말은 라틴어의 볼런타스Voluntas에서 유래했으며 인간의 자유의지, 마음속 깊은 곳에서 우러나오는 의사라는 뜻이다. 개인이나 단체가 지역사회, 국가나 인류사회를 위해 대가 없이 자발적으로 시간과 노동을 제공하는 행위며 은퇴 시니어에게는 보람, 성취감을 충족시켜 내적 욕구를 충족시키고 봉사활동으로 신체적, 정신적, 정서적 건강을 증진시킬 수 있는 아주 좋은 선택지다.

뜻만 있으면 어디든지 활동할 곳을 찾을 수 있다.

참고로 지역사회봉사단에 대해 활동가능분야를 소개한다.

'지역사회봉사단'은 사회복지 자원봉사인증관리시스템(VMS)에 등록한 '봉사동아리'를 지역, 직능별, 보유 재능별로 구분하여 서민계층을 포함한 지역사회의 다양한 복지수요에 능동적으로 대처할 수 있도록 한 지역사회 통합형 자원봉사 그룹이다. 지역사회봉사단의 보유역량에 맞는 봉사일감을 제공하고 혜택을 준다. 현재 지역사회봉사단은 4000개소 이상이다.

지역사회봉사단 일감안내

디자인, 벽화봉사, 전기·가스점검, 집수리, 도배, 기능전수 등

나눔·경제교육, 장애인·저소득층을 위한 수학, 영어, 국어, 한문 등 학습지도

법률·세무상담, 아동·청소년 등 상담(멘토링), 취업, 창업 등 각종상담과 정보제공

사회복지기관·시설·단체 노력봉사, 청소봉사, 행정과 사무지원 등

재활도우미봉사, 재가대상·방문봉사, 행사, 프로그램보조봉사 등

무료진료, 호스피스, 간병, 위문, 운동보조, 병원업무보조 등

음악, 연극, 무용진행 등 공연봉사, 지역문화축제, 지역주민 대상 행사진행 등

교통정리, 차량이동봉사, 지역환경 개선, 재활용과 환경관련 캠페인 봉사 등

⑥ 4050, New Start의 성공포인트

Career Consulting Process / Employee Assistant Program

```
┌─────────────────────────────────────────┐
│         기로의 4050, 변화의 탐색          │
└─────────────────────────────────────────┘
                    ⇩
┌──────┬──────────────────────────────────┐
│      │ 상황분석 (고용환경, 사회변화, 나이, 재무상황, 가족 상황, 건강) │
│ 자기 ├──────────────────────────────────┤
│ 발견 │ 가치분석 (능력, 경력, 업적, 전문성, 자격증, 직업역량, 발전성 등) │
│      ├──────────────────────────────────┤
│      │ 특성분석 (직업적성, 성격특성, 생활사, 가치관, 커리어앵커) │
└──────┴──────────────────────────────────┘
                    ⇩
┌─────────────────────────────────────────┐
│         선택 New Start , New Life         │
└─────────────────────────────────────────┘
        ⇩           S ⇩           ⇩
        A        ( 브릿지 Bridge )        D
                  B ⇩      C ⇩
```

전직·재취업
1. 동일업종, 이업종
2. 동일직종, 이직종
3. 중소기업 벤쳐기업
4. 해외취업, 기타

E ⇒

탈샐러리맨, 새로운 길
1. 창업, 창직
2. 귀농, 귀어, 귀촌
3. 사회적기업, 해외취업
4. 사회봉사의 길, 은퇴

Target 분야 설정, 기업 탐색
구직활동 방법
이력서, 경력서, 면접
새 출발의 성공자세

각 분야 기본지식과 정보
전문 지원기관, 교육기관
성공 사례 학습
사전준비와 성공포인트

┌───┐
│   4050, New Start 성공을 향하여   │
└───┘

1   New Start를 위한 다짐

머리로 아는 것은 진정으로 아는 것이 아니다. 목표 달성을 위해 계속 노력하고 결과를 만들어야 진정으로 안다고 할 수 있다. 지금까지 전직·재취업하거나 창업을 하거나 커리어컨설턴트의 길을 갈 때 도움이 되는 내용을 학습했다. 이 지식들을 자신과 더 나아가 주위 사람들에게도 활용하지만 후배들의 커리어컨설팅에도 활용할 수 있다. 특히 인생을 바라보고 설계하는 방식은 자녀나 직원들에게 들려주어도 좋다.

여기에 커리어컨설팅 예를 한번 소개해보겠다.

"지금부터는 성공을 위한 자신과의 약속을 정리해 보겠습니다. 나누어드리는 종이에 한시간 정도 조용히 정리하시기 바랍니다. 자신에 대한 약속이므로 발표를 하셔도 좋고 안하셔도 좋습니다. 개별적으로 상담이 필요한 분은 따로 약속시간을 잡으시기 바랍니다. 뜻이 있는 곳에 길이 있습니다. 모두 원하는 좋은 방향으로 새출발New Start을 했으면 하는 바램을 품고 기다리겠습니다."

"자, 여러분 작성을 마치셨지요. 세미나 소감과 자신과의 약속을 발표해주실 분 부탁드리겠습니다."

"제가 먼저 발표하겠습니다. 은행에 근무하는 김○○ 팀장입니다. 선생님의 세미나에 참석하여 늦었지만 눈을 떴습니다. 50이 되도

록 인생의 의미와 목표도 제대로 설정하지 않고 살아온 저를 반
성하게 되었습니다. 그저 한달한달의 목표달성에 쫓겨왔고, 인생
을 직장이라는 테두리 안에서만 생각해왔던 저를 발견하게 되었
습니다. 지금 퇴직을 걱정할 것이 아니라 지금부터 남아 있는 40년
이상의 인생에 대하여 무엇을 생각하고 어떻게 설계해야 할지 정
리하게 되었습니다. 지금 직장에서 운좋게 몇 년 더 있는 것이 어
떤 의미인지도 다시 생각하게 되었습니다. 퇴직하면 어떡하나 막
연한 불안으로 지냈지, 구체적인 목표를 세우거나 준비도 하지 않
았던게 부끄러웠습니다. 저는 퇴직 후 바로 창업하기는 부담스럽
다고 판단하여, 선생님께서 말씀하신 **브릿지 방식을 선택하여 우
선 아파트 관리소장으로 취업**하는 것을 목표로 정했습니다. 몇 년
간 은행과 전혀 다른 세상의 경험을 쌓은 후에, 이제부터 시작되는
스마트홈시대에 대비하는 새로운 개념의 아파트 관리회사를 창업
하기로 중기 목표를 설정했습니다. 은행출신으로 철저하게 관리하
는 습관이 몸에 배어 있고, 고객을 친절하게 맞는 서비스정신으로
주민들의 민원처리도 원만히 대응할 수 있을 것 같습니다. 조사를
해보니 주택관리사 자격증 외에도 필요한 몇 가지 자격증 준비에 3
년은 걸릴 것 같습니다. 은행에서 남은 몇 년의 생활이 아주 바빠질
것 같습니다. 선생님의 '보통의 행복'에 관한 견해에 공감했습니
다. 진정으로 행복해질 목표도 정했습니다. 선생님께 앞으로도 몇
차례 개별상담을 드리겠습니다."

"그러십니까, 말씀 들으니 제가 더 기분이 좋고 보람을 느낍니다. 꼭
 원하시는대로 이루시기 바랍니다."

"다음 하실 분 발표 부탁드립니다."

"이○○라고 합니다. 그동안 영업관리, 총무, 인사 등 여러 분야를 경

험했습니다. 자기발견시간에 저는 그동안 여러 분야를 경험은 했지만 특별한 전문성이 없음을 알았습니다. 직업흥미검사에서 사회형(S)이 강하고, 성격검사에서 성실성이 특히 높았고, 직업가치관검사에서 애국이 높은 점수가 나왔습니다. 재무분석도 해보았습니다. 말씀하신대로 이제부터 지출을 과감히 줄이고, 월 250만 원 정도의 수입을 올릴 수 있는 일만 찾더라도, 집사람이 10년 정도 더 경제활동을 해주면, 두 사람의 퇴직금, 두 사람의 국민연금, 퇴직연금이 있고, 70세 이후에는 주택연금에 가입하면 현재 주택 가격이 7억원의 경우 월 200만 원 정도의 추가수입이 확보되므로 노후에 큰 문제는 없을 것 같다는 판단이 섰습니다.(*주택연금 예상 수령액 검색하여 참고 바람) 자녀들도 자립심을 키우도록 지금부터 지원을 줄이고 결혼식도 작은 결혼식을 하게 할 예정입니다."

"이○○님, 라이프설계와 재무설계가 확실히 되셨군요. 아주 훌륭합니다. 월 250만 원 정도의 수입계획을 세우신다면 기회는 많을 것입니다."

"선생님, 그래서 **저는 앞으로 2년 정도 사회적기업 창업을 준비하겠습니다.** 퇴직 후 마땅한 일자리가 없는 능력있는 선배들, 뜻을 함께하는 동료들을 모아 사회를 위해 기여할 수 있는 일을 구상하겠습니다. 선배들을 취업시키면 고령자 취업에 해당되어 사회적기업 목적에도 맞고, 그분들의 풍부한 지식과 경험들을 활용할 수 있어 좋을 것 같습니다. 교회에서 봉사활동을 열심히 하는 집사람도 적극 동참하겠다고 하니 이제부터는 실직의 두려움보다는 새 출발을 위한 준비로 즐거운 나날이 기다리는 것 같아 기쁜 마음으로 세미나를 마치게 되었습니다."

"부인께 잘 설명하셨군요. 부인께서 동참하시면 큰 힘이 됩니다. 사회적기업을 준비하시면 제가 경기도 사회적기업 심사위원으로 3년 정도 활동한 경험이 있어 도움을 드릴 수 있을 것 같습니다."

"예, 감사합니다."

회사 사정상 **빠른 시일 내에 전직을 원한다고 했던** 건설회사의 권○○ 부장이 손을 들었다.

"선생님 강의 중에 앞으로 사회변화를 고려하고, 재취업하더라도 70세 이후까지 연결될 수 있는 분야에서 일을 찾으라고 하신 말씀 감사합니다. 우리나라는 **급속한 고령화로 노인들이 많아지는데 착안하여, 노인들을 위한 주택개량사업, 편의시설사업을 1차 목표**로 해보겠습니다. 당장은 몇 년간 취업을 하여 생계를 유지해 가면서 목표를 위한 준비를 하겠습니다. 말씀하신 브릿지 개념으로 지금부터의 재취업회사는 주택건축관련 중소 건설회사에 재취업 포커스를 맞추어 보겠습니다. 힘이 들지만 가능하면 현장근무를 많이 하도록 지원하려 합니다. 세미나 중 정보를 제공해 주신 대한주택관리사협회, 중소기업정보시스템에서 가능기업을 찾아 보도록 하겠습니다. 제 친구들에게도 건축관련기업에 취업을 위한 도움을 요청하겠습니다. 이력서 작성법, 면접의 요령도 도움이 되었습니다. 제 구상을 듣던 집사람도 노인관련 공부도 하고, 요양보호사 자격증을 취득하기로 하고 요양보호사교육원에 등록도 하였습니다. 재취업을 위해 우선적으로 노력해야 하지만 이제부터는 틈틈이 창업지원센터교육 등에 참여하고, 실버산업전시회도 가서 보고 노인 편의시설 관련공부도 하겠습니다. 앞으로 가끔 찾아뵙고 진행단계별로 상담을 받겠습니다. 처음에는 무작정 급히 재취업만

고려했는데, 세미나에 참석하면서 제게 맞는 방향과 목표를 잡을 수 있게 되어 큰 도움이 되었습니다."

이번에는 50대 중반으로 일본기업 한국법인의 영업담당 전무로 근무하는 이○○ 씨가 손을 들었다. 3년 후인 57세에 임금피크제에 해당되어, 그때가 회사를 나와야 할 타이밍 같아 미리 준비를 해야 한다고 자기소개를 했던 사람이다.

"선생님, 세미나 정말 유익했습니다. 회사에서는 제가 54세로 가장 나이가 많다고 하는데 70세가 넘으신 선생님의 활동 모습을 보니 저도 퇴직 후 최소한 20년 이상의 활동목표를 세워야 하겠다는 생각을 하게 되었습니다.

창직을 말씀하시면서 지금부터 많은 신직업이 탄생할 것이라고 하시고 예를 들어주신 직업도 검색을 해보았는데 한결같이 새로운 아이디어가 많았고 1인 창업이 가능한 직업이 많다는 것을 느꼈습니다.

저는 이제부터 3년~5년 정도 지금 회사에서 더 근무하면서 창직을 목표로 연구를 하겠습니다.

창직은 경험이 많은 중년에게 유리한 점이 많다는 점에 공감합니다. 저의 다양한 영업경험을 살리고, 진취적이고 개방적인 특성을 살릴 수 있는 창직 분야를 빠른 시일 내에 찾도록 하겠습니다."

"예, 잘 알겠습니다. 창직도 아주 훌륭한 선택입니다."

"이제부터는 지금처럼 팀내에서 각자 발표하시고, 팀내의 여러분께 조언도 주고 받으시기 바랍니다."

(모두들 시간가는 줄 모르고 의견 나누는 모습이 보기에 좋다. 열심히 발표를 하고, 적극적으로 질의 응답한다.)

"자, 여러분, 팀내 발표는 여기서 마치겠습니다. 각 팀은 이제부터 각팀 이름의 카톡방을 개설하고 정기적으로 만나 중간 진척사항을 나누시면서 오늘 하신 다짐이 반드시 이루어지도록 서로 격려하고, 좋은 정보도 나누시기 바랍니다. 그 자리에 저를 옵저버로 불러 주시면 기쁜 마음으로 참석하겠습니다.

이제까지 한 사항을 간단히 요약 정리하자면 다음과 같습니다. 전직이나 재취업을 희망하시는 분은 제가 알려드린 대로 업종을 선정하고, 알맞는 기업을 탐색하시기 바랍니다. 2~3개 후보기업을 선택하시면, 각각의 기업에 맞춘 이력서, 경력서를 준비하시어 다시 한번 저를 찾아오시면 필요한 어드바이스를 해드리겠습니다. 면접이 확정되시면 제게 와서 면접준비상황 점검과 리허설을 하여 단점을 보완받으시면 더 좋겠습니다. 창업, 창직, 사회적기업, 귀농 등을 선택하신 분들은 알려드린 기관의 교육코스에 우선 참여하셔서 학습하시고, 지원관련내용도 파악하시어 진행하시면 되겠습니다. 물론 교육만으로 다 해결될 수 없는 사항이 많습니다. 그럴 때는 언제든지 저에게 연락 주십시오.

마음이 답답하시거나, 각종 결정에 망설이며 선택의 기로에 설 때는 혼자 고민하지 않는 것이 가장 좋은 방법입니다."

2 강하게 열망하라

　새 출발 성공을 위한 몇가지 어드바이스다. **명예퇴직자, 정년퇴직자의 87%가 준비 없이 퇴직을 맞는다**는 어느 생명보험회사의 조사보고서를 본 기억이 난다. 그렇게 퇴직한 이들에게 기다리는 것은 30년 이상의 길고 긴 힘든 인생이다. 다행히 재정적으로 준비가 되어 퇴직을 맞는 사람들도 있다. 그러나 재정적으로 안정되었다고 하더라도 할일없이, 의미없이 보내는 인생은 무료하고, 힘든 노년일 뿐이다.
　경제적으로 준비가 덜 된 사람들, 후반기 인생을 어떻게 보내야 할지 생각하지 않고 퇴직을 맞는 사람들에게는 너무나 큰 고통의 시간이 그들을 기다릴 것이다.

» 지금 자신을 객관적으로 재평가하고,
» 지금 자신의 환경과 능력 범위 내에서 삶의 방향을 설정하고,
» 5년 단위 10년 단위로 되고 싶은 자기 모습을 그려보고,
» 단계별 목표를 설정하고 노력하라.

　그러면 대단한 성공은 아닐지 몰라도 후반기 인생을 행복하게 살아갈 수 있다. 직장 퇴직 후 성공적인 인생을 사는 많은 이들의 공통점은 직장 다닐 때부터 준비를 한 사람들이다. 4050세대 지금부터 시작하라. 아직 늦지 않다. 지금부터 얼마나 어떻게 준비하고, 얼마나 많은 시간과 공을 들이는가에 따라 후반기 인생의 결실이 달라진다.

그냥 기다려서는 절대 성공의 기회는 오지 않는다. 평소에 하고 싶던 일을 찾아 꾸준히 준비해 가야 한다. "바로 지금 우선 할 수 있는 것"부터 시작하라. 저자가 보통사람의 성공을 이야기했지만, 그런 성공을 위해서도 꼭 필요한 요소가 있다. 바로 프로 정신이다. 보통사람도 성공을 위해서 꼭 필요한 한가지는 프로정신이다.

훌륭한 축구선수, 골프선수, 운동선수. 그들의 성공 뒤에는 타고난 체질과 피나는 노력이 결부되어 그 성과가 나온다. 최고가 되려는 강한 열망이 그들을 피나는 노력의 길로 이끈다.

재취업컨설팅을 하다 보니 요즈음의 불황을 탓하고, 마땅한 일자리가 없다고 푸념하는 사람들, 노력 없이 무언가가 자기 앞에 떨어지기를 바라는 사람을 많이 만난다. 감나무 밑에서 입을 벌리고 누워 감이 입안으로 떨어지기를 바라는 사람과 다를바 없다. 꼭 원하는 곳에 취업을 하겠다는 강한 열망이 있어야 하고, 노력이 따라야 한다. 많은 구직 정보를 검색하고, 주위의 아는 사람들을 만나러 다니고, 기업을 조사하고, 면접연습을 하고, 걸맞는 노력을 해야 한다.

저자가 무역회사를 경영하면서, 항상 마음은 교수나 교육사업에 관심을 두고 있던 차에 1993년 8월 대우그룹 인재경영팀에서 일본 교육기업, 교육컨설팅 기업 탐방을 가는데 일본통이 동행하면 좋겠다는 제안을 받은 적이 있다. 비용도 대준다고 해서 선뜻 동행했는데, 처음 방문한 기업이 경영컨설팅으로 시작하여 당시 일본 기업교육, 컨설팅의 3대기관으로 평가를 받던 '일본산업능률대학 SANNO'였다. 컨설팅으로 시작하여 대학, 대학교, 대학원까지 갖춘 명실상부한 종합 컨설팅기관인데 한국에는 제휴사가 없다는 것을 알게 되었다.

회사 소개를 들으면서 경영철학이나 사업전개내용에 감탄을 금하지 않을 수 없었다. 큰 매력을 느꼈다.

함께 간 대우의 인사팀장에게 물어보았더니 한국의 많은 교육기관이 그동안 제휴를 추진했으나 모두 실패했고, 그 기관의 교재만 많이 참고하고 있다고 했다. '좋다, 내가 한번 제휴를 해서 한국에서 교육컨설팅 사업을 해야지, 그동안 교수가 되어 가르치는 일을 하고 싶었던 꿈을 이룰 수 있겠다.' 하는 강한 열망이 솟아났다.

미팅을 마치고 나오면서 인사를 나누었던 일본 부장에게 제휴 가능성을 조용히 타진해 보았다. 그런데 조금 전에 저자가 내민 명함은 무역회사 사장 명함이었다. 그들이 보기에 말도 안 되는 제안을 한 셈이다.

"정사장님, 훌륭한 제안이지만, 교육사업은 그리 쉽지 않습니다."

아주 정중한 일본식 거절을 당한 셈이다. 귀국하자마자 다음날부터 아침 8시에 출근하여 매일경제, 조선일보, 중앙일보에 실리는 인사, 교육, 컨설팅관련 기사를 찾아 즉시 일본어로 번역을 하여, 아침 10시면 어김없이 팩스를 보냈다.(당시에는 이메일이 일상화되기 전이다.)

하루도 걸르지 않고 보내면서 그 내용 중 잘 모르는 내용은 여기저기 물어보고 자료도 찾아 보아가며 공부를 했다. 한 달 후 일본으로 2박3일 출장길에 올랐다. 만나주지 않을 것 같았지만, 미리 연락하면 바쁘다고 할 것 같아 약속은 하지 않고 갔다. 도착하자마자 전화를 걸었더니 담당 가타기리 부장이 전화를 받았다. "지금 일본 출장 왔는데 오늘 오후부터 모레 오전 사이에 30분만 차 한잔 하자." 했다. 2박3일 중 단 30분의 시간이면 거절하기 어려운 조건이다. 사실 저자는 그 출장에서 가장 중요한 목적이 그들을 만나는 것이었으므로 '언제든지'라고 조건을 이야기할 수 있었다.

그렇게 약속을 받아냈다. 그런데 일본인들답게 저자가 한 달 동안 보낸 팩스를 전부 파일로 철하여 두었고, 그것을 들고 나와서 궁금한 곳을 몇 군데 질문도 하였다. 사전에 미리 내용을 전부 숙지하고 갔으므로 쉽게 질문에 답을 했다. 의외라는 듯이 저자를 쳐다보았다.

　무역회사 사장이라더니 교육, 인사, 그리고 경영컨설팅분야까지 모두 답을 잘한다는 표정이었다. 첫 미팅은 그렇게 한 시간 이상 했다. 돌아와서 또 날마다 팩스 보내고, 다달이 가고, 그러기를 6개월간 했더니 드디어 사업계획서를 써 보라고 연락이 왔다.

　드디어 1994년 4월에 제휴를 성사시켰다. 첫 만남 후 무려 8개월에 걸친 매일매일의 노력이 결실을 맺게 했다. 제휴 성사기념으로 국내 대기업 연수원장들, 연수 책임자들을 초청하여「지금부터의 기업교육 방향」이라는 주제로 일본 기업교육 전문가의 세미나를 열었다.

　당시 참여자 모두 이구동성으로 교육, 인사분야 출신도 아니면서 어떻게 그 기관과 제휴에 성공했는지 놀라워하였다.

　그 제휴성공으로 저자는 인생의 좋은 교훈을 얻었다.

강한 열망을 갖고 꾸준히 노력하면 반드시 성공한다.

3 틀에서 벗어나라

　사람들은 자기도 모르게 스스로에게 굴레를 씌우고 그 속에 갇혀 살아간다. '나는 학력이 달려서, 나는 여자니까, 나는 내성적이어서, 나는 직장인이니까, 나는 나이가 많아서, 나는…… 나는……'
　이 모두 스스로에게 씌워놓은 굴레고 단단한 껍질이다. 나이가 들어가면서 그런 굴레를 당연하게 여기고 그속에서 나올 노력을 포기한다.
　영화 「쇼생크의 탈출」에서 많은 죄수들이 오랜 수감생활에 익숙해져서 탈출을 포기하며 살아가는 모습이 나온다. 심지어 가석방이 되어 나와서는 바깥 세상에 적응하지 못하여 자살하는 장면도 나온다. 직장인들이 직장이라는 울타리 안에서 벗어나지 못하고, 그 속에서 안주하다가 명퇴를 하거나 정년퇴직을 맞으면 당황해하는 것과 같다.
　덩치 큰 코끼리가 어린 아이가 끄는 줄에 이끌려 다니는 모습을 본다. 코끼리가 어릴 때 발에 밧줄을 묶어 놓으면, 야생성이 있는 코끼리는 처음에는 이 줄을 끊으려고 몸부림치다가 결국은 포기한다. 성장하는 과정에서 약간 더 굵은 밧줄을 묶어 놓는 과정을 거치다 보면 코끼리는 완전히 포기하고 길들여져 마지막에는 가느다란 줄로 묶어 놓아도 순종적이 된다.
　직장인들도 직장생활을 하면서 오래 길들여진 보이지 않는 밧줄, 그 밧줄이 쳐진 사각의 링 안에서만 사고하고 행동하게 된다. 자기를 가두고 있는 보이지 않는 밧줄의 사각 링, 그 틀에서 벗어나야 한다.

학력이 달려도 성공하는 사람이 많고, 오히려 그 핸디캡을 극복하고자 노력한 덕분에 더 성공하는 사람이 많다. 여자니까 더 강한 면, 더 부드러운 면이 있고, 그것이 강점이 된다. 근육을 쓰는, 육체노동을 하는 산업에서 서비스, 소프트웨어, 아이디어가 더 필요한 세상에는 여자니까가 아니라 여자기 때문에 가능한 일이 더 많다.

내성적인 사람은 학구적이고, 탐구적이어서 좋은 면도 있다. 나이가 많아서 안 되는 것이 아니라 나이가 많은만큼 경륜이 쌓여 젊은 사람들이 할 수 없는 일을 할 수 있다. 모든 굴레는 스스로가 씌워 놓은 투명의 유리 창살, 코끼리 발에 묶어놓은 가느다란 밧줄이다. 새가 알을 깨고 나오듯이, 스스로 깨고 나와야 한다. 20~30년 직장 생활을 해왔다면 스스로를 묶어 놓은 밧줄이 무엇인지, 스스로 씌워놓은 굴레가 무엇인지 생각해볼 시기다. 그 굴레의 실체를 알면 그 굴레에서 벗어날 수 있다.

4 세상의 흐름에 주목하라

    인공지능, 4차산업, 자율주행자동차, 드론, 5G, 생명공학, 가상현실, 첨단농업 등 우리가 지금까지 살아온 삶의 방식을 근본적으로 바꿀 기술혁명이 시작되고 있다. 변화의 시기에는 변화를 미리 알고 그에 따른 준비를 하는 사람이 성공할 수 있다. 아래 그림은 **만화가 이정문 화백이 1965년 그린 '서기 2000년대 생활의 이모저모'**다. 1965년에 35년, 40년 후를 그린 상상도다. 그 당시는 황당한 이야기로 들렸을 생활의 모습이지만, 지금은 수학여행을 달나라로 가는 것 외에는 아주 당연한 우리 생활의 모습이 되

원로 만화가 이정문 화백이 1965년에 35년후 미래를 상상하며 그린 만화 '서기 2000년 생활의 이모저모'.[출처:「중앙일보」]

었다.

요즈음 또 다른 대변혁의 시기가 시작되었다. 지금 4050세대는 저자 나이(70)가 되면 전혀 다른 세상에서 살게 된다. 지금 다소 황당하게 들릴지 모르는 미래의 생활 모습들이 생각보다 더 빨리 생활에 실현될 것이다. 5G, 애완로봇, 무인식당, 무인매장, AI면접, 출퇴근용 개인드론, 식물공장 등등 너무나 많은 생활의 변화가 찾아오고, 그 속에서 새로운 직업, 새로운 기회가 올 것이다. 폴더블 폰을 시험해 보면서, 단순히 화면이 커지고 속도가 빨라지는 것에 그치지 않고, 모든 기업이 폴더블 폰을 이용한 비즈니스 확대에 더 많은 투자를 할 것이라는 직감이 들었다. 지금보다 훨씬 더 휴대폰에 의존하는 세상이 올 것이란 게 확실하게 보였다.

저자가 작년에 상하이에 가서 인상깊었던 변화를 많이 경험했는데 그 중에서도 강변에서 노래를 부르며 구걸을 하는 걸인 앞에 QR코드가 크게 확대되어 있는 보-드가 보였다. 거의 대부분의 사람들이 현금 없이 휴대폰으로 결재하는 시대에 살고 있는 상하이에서는 걸인에게 주는 돈도 QR코드에 접속하여 지불하는 광경이었다.

정부도 4차산업에 대응하여 I-KOREA 4.0 정책을 아래와 같이 추진하고 있다. 이런 변화도 주목해서 보아야 한다.

의료분야 진료정보 온라인교류, AI기반 신약개발, 개인맞춤형 정밀의료

제조분야 스마트공장 고도화, 지능형로봇 확신, 제조서비스화

운송수단 자율주행자동차, 드론 경쟁력강화, 자율주행선박시장 선도

금융물류 핀테크 활성화, 스마트물류센터 확산, 스마트항만 건설

농수산분야 스마트팜, 스마트양식장, 농업해양로봇 혁신, 스마트재해대응체계 구축

몇몇 사례로 설명하기 어려운 대변혁의 시기다. 지금 다니는 회사, 지금 하고 있는 일의 틀에서 생각하지 마라. 아직 좋은 기회의 시기기도 하다.

보는 만큼 알게 되고 아는 만큼 보게 된다

세상의 변화에 주목하라. 변화를 예측하는 기사, 자료에 주목하고, 관련 세미나도 열심히 참여하라.

똑같은 X-RAY필름을 보면서도 그것을 처음 보는 사람과 약간의 상식이 있는 사람과 의사의 눈에는 보이는 내용이 다르다. 건강 검진 후 의사가 보여주면서 설명하는 X-RAY 필름이나 내시경 영상, 초음파 영상의 설명을 들으며 보고 있노라면 그런 생각이 자주 든다.

오사카 주재원 시절, 저자 가족이 탄 택시가 집앞 골목에 주차를 하고 트렁크에서 짐을 내리고 있는데 갑자기 끽-하는 자동차 브레이크 소리가 나더니 승용차 한 대가 택시 옆에 급정거를 하는 것이었다. 순간 놀라서 옆에 급정거한 차 쪽을 바라보았더니 초등학교 1학년인 큰아들이 그 승용차 앞바퀴와 뒷바퀴 사이에 쓰러져 있었다. 차에서 내려 집쪽으로 뛰어가던 아이가 사고를 당한 것이었다. 급히 병원으로 이송하여 검사를 받았는데 한쪽 다리의 정갱이뼈가 으스러지듯 복합골절이 되었다고 했다. 그 상태에서는 수술도 어려우니 일단 깁스를 하고 2주일 정도 입원하여 지켜보자고 했다. 이런 경우 어린아이는 기적적으로 뼈가 이어질 수도 있다고 했다. 저자가 만약 2주 후에 그런 기적이 발생하지 않으면 어떻게 되는지 물으니, 그러면 수술을 하는데, 그 경우는 수술을 해도 다리가 조금 짧아질 수밖에 없다는 것이었다. 눈앞이 캄캄했다. 집사람은 매일 울면서 지난 2주일이 지나 다시 X-Ray 검사를 했다. 2주 전 사진과 2주 후 사진을 나란히 걸어두었는데 저자의 눈에는 아무것도 변한 것이 없어보이고 산산조각난 뼛조각들을 보면서 아무 생각이 나지 않았다.

그때 의사는 "축하합니다. 여기 미세하게 변한 곳이 보이지요? 뼈가 이어지는 것이 보이지요? 역시 어린아이들의 생명력은 달라요." 했다. 다시 한번 의사가 가리키는 곳을 보았는데 무엇이 달라졌는지 알 수가 없었다. 의사의 눈에는 보이는 변화가 저자 눈에는 보이지 않았다.

지식과 경험의 차이다.

밤하늘의 별을 보아도 별자리도 잘 모르는 사람이 있는가 하면, 새로 지구로 향해 달려오는 혜성을 발견하는 천문학자도 있다. 똑같은 필름이고 영상이고 하늘이다. 그런데 보는 사람의 지식과 경험, 전문성에 따라 보이는 내용이 다르다.

직업의 세계도 변화한다

산업의 변화에 따라 변화하는 직업세계에 관심을 갖고, 새로운 직업세계를 살펴보는 사람과 아닌 사람은 보이는 것이 다르다. 아는 만큼 보이기 때문이다. 한국고용정보원에서 발표한 신직업을 보고 깜짝 놀랐다.

직업명만 가지고는 전혀 무슨 일을 하는지 알 수 없는 직업도 많았다. 자기가 해오던 직업분야가 아닌 새로운 분야에 시야를 돌리면 새로운 가능성을 찾을 수 있을 것이다.

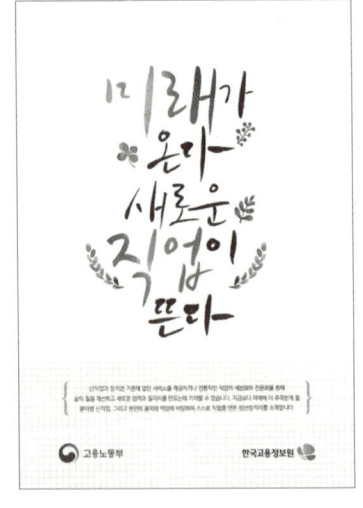

아래 신직업(한국고용정보원 www.keis.or.kr) 자료를 보고 자기가 아는

직업이 몇이나 되는지 체크해보라. 여러분도 도전 가능한 분야가 있을 것이다.

건축, 주택관리, 도시재생관련 신직업 매매주택연출가/도시재생전문가/복지주거환경 코디네이터/BIM디자이너/그린빌딩 인증평가전문가/주택진단사/빈집코디네이터/건설원가 관리사

첨단과학/기술관련 신직업 빅데이터전문가/과학커뮤니케이터/감성인식기술 전문가/인공지능전문가/홀로그램전문가/의료용로봇 전문가/디지털헬스케어전문가/레벨디자이너/무인항공촬영감독/매트페인터/셰이더/임상엔지니어/의료기기소프트웨어 엔지니어/맵가시화예술가/3D프린팅모델러/입체(3D)피규어사진사/3D질감전문가/3D콘텐츠 크리에이터/홈팩토리 마스터/클라우드컴퓨팅보안개발자/3D메디컬모델러/전자코개발자/로봇컨설턴트/지급결제서비스기획자/P2P대출전문가/드론조종사/드론수리원/드론운항관리사/배터리교체스테이션 유지보수원/전기차정비원/로보SI전문가/생물정보학자/가상현실개발자/ 이산화탄소포집연구원/유전체분석사/스마트의류개발자/스마트도로설계자/로봇윤리학자/클라우드개발자/사물인터넷기기보안인증심사원/자율주행자동차개발자/스마트팩토리 설계자/로보어드바이저개발자/블록체인시스템개발자/빅데이터플랫폼개발자/스마트공장코디네이터/스마트도시전문가/가상훈련시스템전문가

동물관련 신직업 수의테크니션 동물간호사/애완동물장의사/애완동물행동상담원/애완동물사별애도상담원/동물매개치유사/동물물리치료전문가/애완동물동반시설요양보호사/동물영양사/재활승마지도사/승용마조련사/애완동물복지사/동물변호사/애견산책도우미/동물재활공학사/수의병리학자/애견브리더/동물초음파진단사

보육/교육관련 신직업 홈스쿨코디네이터/창의트레이너/보조교사/임신출산육아전문가/재활및 교육돌보미/아동보호조사관/학교부모코디네이터/특수교육법지도사/난독증학습장애지도사/아동진술분석관/병원아동생활전문가/진로체험코디네이터/컴퓨터소프트웨어코딩강사

사업서비스 관련 신직업 협동조합코디네이터/자금조달자/분쟁조정사/그린마케터/기업프로파일러/기업컨시어지/신사업아이디어컨설턴트/보건및사회시설 품질평가원/산업카운슬러/지속가능전문가/직무능력평가사/지속가능성디자인컨설턴트/공간임대코디네이터/국제문화교류지원전문가/의약품물류전문가/예술품전문운반원/크라우드펀딩매니저/헤지펀드매니저/사진전문경매사/친환경놀이터설계기술자/상품스토리텔러 공간스토리텔러/사회적기업컨설턴트/공유경제컨설턴트/생산성카운슬러/사법통역사/법률비서/위기협상전문가/기업비밀보호전문가/적정기술전문가/칩리사이클전문가/중고자동차사정사/자동차튜닝엔지니어/창업교육전문가/테크니컬커뮤니케이터/위기관리전문가/할랄인증컨설턴트/사업거래중개인/공공조달지도사/메이커스랩코디네이터/폐업전문컨설턴트/공공정책감리사/스마트오피스컨설턴트/성평등전문가/수학체험코디네이터/소규모전력거래전문가/김치소믈리에/채소소믈리에/밥소믈리에/과채쥬스전문가/화장실특수관리사/의료일러스트레이터/패션기술디자이너

삶의 질/개인서비스관련 신직업 이혼부모코디네이터/여가생활상담원/문신아티스트/주변환경정리전문가/이혼플래너/민간조사원/영유아안전장치설치원/교통행정처분상담자/재능기부코디네이터/지역사회기부코디네이터/댄스매개치유사/조부모-손자녀 유대관계전문가/장애인여행코디네이터/입양사후관리원/노년플래너/케어매니저/방문미용사/장애인잡코치/라이프코치/약물및 알콜중독 전문가/정신대화사/사별애도상담원/자살예방상담가/전직지원전문가/놀이치료사/의료소송분쟁조정사/음악치료사/산림치유지도사/야외활동안전지도사/식생활지도사/유품정리사/의료관광경영상담사/치매전문관리사/치매프로그램매니저/화장품전문상담사/스포츠심리상담사/범죄피해심리전문요원/귀농귀촌플래너/하우스막걸리브루마스터/양육비이행관리전문가/모바일건강관리코치/병영생활지도사/수면컨설턴트

안전/환경관련 신직업 탄소배출권중개인/도로안전유도원/가정에코컨설턴트/에너지절감시설원/그린장례지도사/온실가스관리지도사/온실가스관리컨설턴트/기후변화전문가/리사이클링코디네이터/오염지재개발전문가/기업

재난관리자/방재전문가/공간정보분석가/원전시설해체전문가/범죄예방환경전문가/안전작업승인전문가/GMO시험검사원/기업환경교육강사/국제환경규제대응코디네이터/에너지효율측정및 검증전문가/층간소음관리자/이산화탄소포집기술자

의료/보건관련 신직업 보조의사/보조약사/개업물리치료사/원격진료코디네이터/척추교정사/유전학상담전문가/메디컬어드바이저/웰니스디자이너/복지용구전문상담원/유치원보건교사/제약의사/각막적출전문가/법의간호사/성폭력간호사/환자비서/의료피부미용사/의료비서/치과간호조무사/질병역학조사원/의료정보분석사/뇌기능분석 뇌질환전문가/기세포연구원/의료기기규제과학전문가

인터넷/미디어/문화예술 관련 신직업 소셜미디어전문가/평판관리전문가/디지털장의사/디아이전문가/붐오퍼레이터/특수효과(VFX)감독/스토리코치/스토리에이전트/스토리컨설턴트/비디오아트 테크니션/미술아키비스트/인포그래픽기획자/디지털디톡스지도사/개인디지털정리가/디지털자산관리자/개인브랜드개발자/디지털문화재복원전문가/게이미피케이션전문가/쇼핑몰개발자/모바일광고기획자/그로스해커 게임레벨디자이너/게임테크니컬아티스트/디지털광고게시판기획자/사이버포렌식전문가/온라인자산관리사/SNS불공정거래감시자/스마트웹툰기획자/게임번역사/인포그래픽기획자/모바일게임등급모니터요원/웹툰에세이스트/소셜게임큐레이터/사이버큐레이터/온라인쇼핑큐레이터/배우캐스팅기획자/전통문화스토리텔러/크리에이터매니저/창작자에이전트/출판콘텐츠기획자/디자인에디터/미술품감정사/문화매니저/아웃도어인스트럭터/스포츠에이전트

농업/해양관련 신직업 정밀농업기술자/육종가/원목평가사/농작물검사원/곤충전문컨설턴트/식용곤충요리사/6차산업컨설턴트/원예컨설턴트/치유농업컨설턴트/스마트팜구축자/나무의사/산림바이오매스연구원/산림생태복원기술자/해외수종검사원/레저선박정비수리원/레저선박시설 운영관리원/바다해설사/해양플랜트기본설계자/해양플랜트안전관리자/요트등록서비스대리인/크루즈승무원/크루즈 플래너

5   정보 네트워크·인적 네트워크를 구축하라

전직·재취업의 성공에 가장 큰 요소는 인적 네트워크에 의한 소개다. 어떤 비지니스에서도 정보와 인맥은 성공과 실패를 가르는 큰 요소다. 아무리 세상이 바뀌어도 사람 사는 세상에 인적 네트워크의 중요성은 결코 작아지지 않는다. 정보의 홍수 속에서 바른 정보를 검색하려면 노력하는 시간에 만약 그 분야를 잘 아는 친구가 있으면, 전화 한통으로 정확한 정보를 입수할 수 있다. 많은 조찬 모임이 있고, 연구회도 있고 동아리도 있다. **인적 네트워크는 스스로 만들어 가는 것이다.**

저자가 자문을 하는 기업의 간부에게 "삼성경제연구소의 SERICEO에 회원으로 가입하면 매일 아침 좋은 정보, 강의 등을 청취할 수 있고 또 매월 SERICEO 조찬 모임에 나가면 많은 분들과 교류를 할 수 있어요. 지나간 강의 등 많은 정보의 보고가 열립니다. 연회비는 조금 부담이 되지만 자기를 위한 투자이므로 회원이 되시기 바랍니다." 한 적이 있다.

얼마 후 그 간부가 고맙다고 인사를 하면서, 조찬에서 다양한 회사의 다양한 사람들을 만나고, 좋은 자료와 강연은 시야를 넓혀주어서 크게 도움이 된다고 좋아했다. 저자가 특정기업의 특정세미나를 예를 들었지만 그 외에도 관심만 가지면 더 많은 훌륭한 모임, 연구회의 정보를 얻을 수 있다. 저자가 동경에서 근무할 무렵, 일본인 친구의 추천으로 동경대 출신의 연구회에 외국인으로 처음 멤버가 된 적이 있다. 다양한 분야의 사람들이 퇴근 후에 모이는데 우리식으로 하자면 김밥 한줄에 맥주 한잔 정도의 아주 간단한 준비가 되어 있고, 7시가 되면 발표가 시작되었다.

발표자의 테마는 한 달 전에 공지가 되는데, 멤버 중에서 발표자를 정하는 것이 관례로, 60분 발표시간에 90분 질의 응답을 하도록 되어 있었다. 발표시간보다는 질의 응답시간이 길어서 발표 준비하는 사람이 상당히 많은 준비를 해야 하며, 질의 응답도 심도있게 했다.

모임이 끝나면 주제에 관심있는 일부 사람들이 발표자를 중심으로 장소를 옮겨 대화를 했다. 그 모임의 인적 네트워크는 대단한 파워라는 생각이 들었다.

그 경험으로 저자는 주위 사람들에게 적극적으로 참여가능한 모임을 찾아보라, 자기주도로 모임을 만들어도 좋다, 라고 권한다. IMF외환위기 사태때 아주 고전하던 저자에게 기사회생의 기회를 준 분도 저자의 꾸준한 인맥 관리의 결과였다. 옷깃만 스쳐도 인연이라는데 스치기를 기다리지 말고 자기 옷소매를 상대방 옷에 갖다 스치게 만드는 적극적인 태도가 필요하다.

6   나날이 만드는 놀라운 결과에 주목하라

상담실을 찾아와서 지나간 행동에 대해 후회하는 이가 많다. 퇴직이 2~3년 남았는데 준비를 해야지 하면서 하지 않았어요, 구조조정 이야기가 들릴 때 빨리 재취업준비를 했어야 해요, 제가 일하는 분야가 더 이상 전망이 어두워서 빨리 전직을 했어야 해요, 일본어를 배우다가 그만두었어요, 중국어를 배워야 해 하면서 하지 않았어요, 자격증을 따야 해 하다가 세월만 지났어요.

정작 급한 입장이 되어서 상담실을 찾아와서는 그때 그랬어야 했어요, 하고 후회하는 이야기를 많이 한다. 모두 생각만 하다가 행동에 옮기지 않은 결과다.

3 4 5 5 5 의 법칙

3년 고등학교 3년 열심히 공부한 학생과 그렇지 않은 학생은 3년 후 대학교 입시에서 그 결과가 크게 달리 나타난다.

4년 대학 4년을 어떻게 보내느냐가 취직이나, 진로를 바꾸어 놓는다. 좋은 대학에 입학하고 적당히 보낸 사람과 원하는 대학에 가지 못하였지만, 대학생활 4년간 칼을 갈아 4년 후 보란 듯이 원하는 진로를 선택하고 성공한 사례는 얼마든지 있다.

5년 불과 3년, 그리고 4년의 노력이 그 후의 인생을 크게 좌우하게 되는 것과 같이 사회생활 25세부터 50세까지는 5년짜리 인생이 5번이나 반복된다. 50세에서 75세까지 5년이 다시 5번 반복된다. 4050세대는 5년 단위의 인생이 5~7번은 더 반복된다. 자녀들에게 고등학교 3년 열심히 공부하라고 독려하고 대학 다니는 자녀에게 4년간 열심히 하면 인생이 달라진다고 훈계하면서, 4050 세대의 여러분은 자기 앞에 놓인 5년을 어떻게 보내겠는가. 중년기의 성공은 어떤 영역이든 '중단없는 노력'에 의해 이루어진다. 천재로 알려진 사람 중 상당수는 타고난 천재성이 아니라 우리의 상상을 뛰어넘는 집중과 반복의 산물이라고 한다.

저자가 3년 전에 친구들과 통영 앞바다 작은 섬 사량도를 등산했다. 작은 섬 높지 않은 산이었지만 매우 험하고 힘든 코스였다. 정상에 오르니 나폴리보다 더 아름다운 통영 앞바다의 풍경이 펼쳐졌다. 그 힘든 정상에 올라 건강에 관한 이야기를 나누다가 "내가 지금부터 3년간 1000만 보를 걸을 것이다." 하고 선언했다. 3년 후면 만 70세였을 때다. 만 70세 기념으로 건강에 관해 무언가 목표를 세우고 달성했다고 자랑하고 싶었다. 하루 만 보씩 걸으면 3년에 1095만 보가 된다. 90%만 달성해도 된다는 계산이 섰다. 그런데 도중에 의지가 약해지면 안 되므로 저자의 약속에 족쇄를 채우기 위해 친구들 앞에서 1000만 보 걷기를 선언했고, 가족들 앞에서도 했다. 그런데 그렇게 선언하고 시작하니 그게 만만한 목표가 아니었다. 휴대폰에 걸음 측정 앱부터 깔고 걷기 시작했다. 가장 불안한 것이 건강이었다. 무릎, 허리, 기타 사유로 걷기 어려우면 안 되고, 혹한기, 혹서기, 비바람 불 때도 목표달성이 어려웠다. 휴대폰을 집에 두고 나오거나, 차량으로 이동해야 할 때도 있었다. 우여곡절이 많았지만 그래도 목표를 2개월 넘긴 3년 2개월 만에 1000만 보를 달성했다. 그동안 기록에 의하면 저자의 평균 보폭이 65cm여서 3년간 총 걸은 거리는 6500km였다. 하루 9000보는 시간으로는 90분 정도 걷는 것이다. 서울에서 부산까지 걸어서 무려 8회 왕복했다는 계산이 나온다. 티끌모아 태산, 달성하고 보니 저자도 놀랄만한 대단한 기록이었음을 절감했다. "매일 조금씩 꾸준히 노력하는 것이 가져오는 큰 결실"의 대단한 교훈을 확인했다.

매일 출퇴근 시간에 3년간 이어폰을 끼고 영어, 중국어, 베트남어 등지 어학을 선택하여 들으면 유창하게 마스터할 수 있다. 자기가 하고 싶은 분야의 공부와 미래 변화를 매일 관심을 가지고 보고 들으면 그 분야의 전문가가 될 것이다.

시간이 없다는 것은 핑계다. 시간이 없는 것이 아니고 열정이 없는 것이다. 장래가 불안한 직장인들, 장래 변화를 준비하는 직장인들, 무언가 하루에 90분씩 꾸준히 자기를 위해 투자하라. 3년만 지나면 스스로도 깜짝 놀랄 성과를 이룰 수 있다.

7   늦었다고 생각할 때가 가장 빠를 때

    50세 이후에, 60세 이후에 새로운 도전에서 성공을 거둔 사례는 무수히 많다. 예를 들어 커넬 샌더스는 65세에 KFC의 첫 체인점을 열었고, 밀크셰이크 믹서기 외판원이었던 리에크록은 53세에 맥도날드를 창업했다. 정년퇴직 후 다시 공부를 시작하는 사람들도 있다. 심리상담, 커리어 상담 공부를 한다면 경륜을 살려 그 후 20년은 충분히 활동할 수 있다.

    퇴직 후 직장에서의 경험을 살려 아파트 설비관리, 수리 등을 담당하는 저자 아파트 김과장은 현재 76세로 아주 건강하고 성실하여 주민들의 사랑을 받고 있다. 건강이 허락하는 한 80세가 넘어도 활동이 가능하다. 최소한 75세까지 활동한다고 계산하면 45세면 30년, 55세면 20년이나 더 활동 가능한 시간이 남았다. 지금부터 노력을 하라. 3년만 열심히 노력하면 그 후의 인생이 크게 달라질 것이다.

    "이제 늦었다, 그래서 안되겠다." 하는 사람과 "그러니까 이제부터 다시 한번 해보자." 하는 사람의 차이는 완전히 달라진다. 그렇게 결심하고 노력하는 그동안은 우선 행복해진다. 무엇을 지금부터 시작해야 할지는 스스로 고민을 해야 한다. 아무도 당신만큼 당신을 잘 알지 못하기 때문이다.

    그래도 약간의 힌트가 필요하면 전문가에게 상담을 받으면 된다. 혼자 가는 길보다는 둘이 가면 힘이 되고, 외롭지 않다.

참고문헌

전도근, 김석구, 이미자, 이화식, 진소희, 『전직지원 실무노하우』, 교육과학사, 2017

간호재, 『재취업 컨설팅 매뉴얼』(유료자료 메일 다운로드), 2019

에드거 샤인, 오가와 죠이치, 『커리어 매니지먼트』, 주식회사 프로세스컨설테이션, 2017

Watanabe Hidekazu, 『비지니스 엘리트의 커리어전략』, 다이아몬드사, 2014

M.Watanabe, 『비지니스 엘리트의 커리어전략』, 주식회사 나카니시야, 2018

杉原 保史, 『커리어컨설턴트의 카운슬링 입문』, 北大路書房, 2018

北野唯我, 『전직의 사고법』, 다이야몬드사, 2018

杉溪一言 외 일본산업카운슬링학회 감수, 『산업카운슬링 핸드북』, 金子書房, 2005

워크넷 (www.work.go.kr)

노사발전재단 (www.nosa.or.kr)

귀농귀촌종합센터 (www.returnfarm.com)

사회적기업진흥원(www.socialenterprise.or.kr)

한국어촌어항공단 (www.sealife.go.kr)

한국국제협력재단 (https://koica.go.kr)

2016 우리들의 직업 만들기(한국고용정보원)

2017 미래를 함께 할 새로운 직업(한국고용정보원)

2019년도 사회적기업 안내(한국사회적기업진흥원)

memo